D1865855

Ich liebe Männer über fünfzig aus der Reihe

© Tomus Verlag GmbH, München

Alle Rechte der Verbreitung, auch durch Fernsehen, Funk, Film, fotomechanische Wiedergabe, Bild- und Tonträger jeder Art sowie auszugsweiser Nachdruck vorbehalten.

Umschlag: Jutta Schneider
Titelbild: Günter H. Magnus

Satz: Fotosatz Geiß, D-8039 Puchheim
Printed in Italy,

ISBN 3-8231-0751-8

Ich liebe Männer über fünfzig

von Helmut Kobusch
Illustriert
von Günter H. Magnus

TOMUS VERLAG MÜNCHEN

0
Zum Geleit

Es fehlt auf dem heimischen Büchermarkt nicht an eindrucksvollen und informativen Werken über Bienenwärter, Computerpfleger, Helden der Lüfte und Anemonenzüchter. In den öffentlichen Bibliotheken finden sich ganze Regale voll von tiefschürfenden Büchern, gefüllt mit den Problemen von Säuglingen, Herangewachsenen und Angehörigen des Seniorenstandes. Dringt man mehr in die Tiefe, stößt man auf sehr detaillierte Darstellungen: Portraits heimatvertriebener Schrankenwärter mit einem Hang zur Ziegenzucht, die Lebensgeschichten pensionierter Frühaufsteher aus dem öffentlichen Dienst oder die Erinnerungen mehrfach verheirateter Spiegelfechter, Preistänzer und Schlappseilartisten. Was das begehrliche Auge des Interessierten, was der forschende Geist des Teilnahmsvollen vergeblich sucht, ist die kundige Einführung in das Leben der Männer über fünfzig.

Möge[1] das vorliegende Kompendium daher seinen Weg in die aufnahmebereite Leserschaft finden und dort das Licht der Aufklärung über eine (männliche) Altersgruppe entzünden, die gerade in diesen schwierigen Zeiten[2] besondere Aufmerksamkeit verdient.

Paris/Leningrad/Eppenich Der Verfasser

1) Nach dem bekannten Rhetoriker Prof. Jens ist ein Geleitwort ohne das Wort »möge« im deutschen Sprachraum schlechterdings unmöglich. Der geneigte Leser wird um Verständnis für die anspruchsvolle Formulierung gebeten.

2) »Zeiten sind alleweil a bisserl schwierig« (Tante Jolesch)

Inhalt

50

1
Über den Gegenstand

Der Gegenstand vorliegender Untersuchung, der Mann (oder die Männer) über fünfzig, hat sich lange einer eindeutigen Definition wie auch einer vertrauenswürdigen Darstellung entzogen. Abhandlungen wie »Fünfzig — was nun?« von Peter Norman oder »Der Fünfziger an sich und als solcher« von Thomas B. Davies warfen zwar verdienstvolle Schlaglichter, können jedoch nicht als umfassende Deutungen genügen.

Hinzu kommt, daß die zur Diskussion stehende Altersgruppe zwar feste Grenzen (50 bis 59 Jahre) hat, aber in ihrer personellen Zusammensetzung ständig wechselt. Täglich erwachen irgendwo Männer mit leicht brummendem Kopf und verkatertem Erinnerungsvermögen an ihren gestrigen fünfzigsten Geburtstag. Ebenso oft begeben sich fröhliche Fünfziger rüstig zu Bett und wachen am nächsten Morgen, unversehens sechzig geworden, auf.

Da die Zahl der Männer über fünfzig grob und über den Daumen des Statistikers geschätzt annähernd fünf Millionen betragen mag, ergibt sich bei der Betrachtung ein außerordentlich facettenreiches Bild. Außerdem ist jede Ähnlichkeit mit lebenden oder verstorbenen Personen rein zufällig, so daß die folgenden Darstellungen und Liebeserklärungen an die Männer über fünfzig notwendigerweise etwas unvollständig sein und bleiben müssen. Material für eine mehrbändige Schilderung wäre ohne weiteres verfügbar gewesen, aber der Verleger dieses Buches hat seine Seitenzahl weise begrenzt. Der Autor schuldet ihm dafür Dank, weil er nebenher auch noch ein Auge auf seine Familie haben muß und einen größeren Garten bewirtschaftet.

Ich mag sie, die Männer über fünfzig. Ich mag sie, weil ... und schon stock' ich. Was ist an ihnen anders als an einem gut erhaltenen Mittvierziger oder an einem, der einige Jahre später fröhlich pfeifend durch die Sechziger spaziert, allenfalls ein wenig rheumatischer, wenn sich das Wetter ändert?

Gemach — die Fünfziger (die echten) sind etwas Besonderes. Auf der einen Seite perfekt und in sich ruhende Charaktere, in gesicherten Positionen, soweit es das heute noch gibt, und in ebensolchen Familienverhältnissen. Auf der anderen Seite haben sie

jedoch manchmal das Gefühl, getan zu haben, was die Welt rechtens von ihnen erwartet, und dann blicken sie mit listigen Augen um sich sowie in die Zukunft und überlegen, was sie noch alles anstellen könnten. Das kann die Frühpensionierung mit der Übersiedlung in ein verfallenes toskanisches Bauernhaus ebenso sein wie die Anschaffung eines schweren Motorrads, die unvermutete Hinwendung zum Jazz der frühen Zwanziger Jahre oder eine schlagartig ausbrechende Begeisterung für den Ballonflug, sei es mit Gas oder mit Heißluft.

Bei den Fünfzigern ist noch alles drin. Das macht ihre Ehefrauen und Gefährtinnen, die so etwas mit feinen Sinnen spüren, manchmal unruhig. Zugleich läßt es die Fünfziger zu einem angenehm belebenden Element im Volksganzen werden. Nicht gerade wie einen jungen Sekt mit Pfropfenknall und lästigem Schaum, aber wie manchen Wein, der — hinreichend abgelagert — zuweilen überraschende Blume und ein Bukett offenbart, das Kenner und Genießer um sich schart.

Außerdem handelt es sich hier um Männer, und Männer (sagen kluge, verständnisvolle Frauen) sind ohnehin faszinierend. Wenn sie fünfzig sind, fallen allmählich manch' äußere Blütenblätter ab und offenbaren den schönen, beständigen Kern ihres Wesens mit all' den individuellen Eigenheiten, die jedes einzelne Exemplar so unverwechselbar machen. Und so etwas soll man nicht mögen?

Ich habe mich ein wenig unter meinen Altersgenossen umgesehen und einige von ihnen auf den folgenden Seiten skizziert, portraitiert und kommentiert. Im übrigen trage ich mich selbst nach vielen Jahren hinterm Schreibtisch und in Erwartung meines ersten Enkels mit dem Gedanken, jetzt endlich die Kunstfeuerwerkerei zu erlernen. Aber auch der Ankauf und Betrieb eines Kettenkarussells erscheint mir plötzlich verlockend. Ein Mann über fünfzig hat schließlich noch alle Chancen ...

H. K.

2
Sanft landen . . . oder durchstarten?

Der fünfzigste Geburtstag ist eine Art Meilenstein. Man hat nach menschlichem Ermessen mehr als die halbe Wegstrecke hinter sich; zum Einstieg ins Rentenalter ist es noch zu früh, aber einiges sollte man halt erreicht haben. Mit fünfzig, sagten die alten Chinesen, hat ein rechter Mann einen Sohn gezeugt, einen Baum gepflanzt und ein Buch geschrieben. Das klingt gut und läßt einem den leisen Schauer den Rücken herunterrieseln, wie ihn fernöstliche Weisheit bei uns regelmäßig verursacht. Aber als Rezept ist es doch vielleicht zu überdenken, ehe man in plötzlicher Midlife-Panik darangeht, das eine oder andere Versäumnis in dieser Hinsicht hastig nachzuholen. Und an seinem fünfzigsten Geburtstag wird man natürlich nachdenklich.

Söhne — das läßt sich auch bei uns sagen, selbst wenn man keinen Bauernhof zu vererben hat oder in ein konkurrierendes Unternehmen einheiraten lassen will — Söhne sind gut. Zeugt man in weiser Selbstbeschränkung nur einen, beugt man zugleich der Übervölkerung vor. Aber wie steht es mit den Töchtern? Darüber schweigen sich die Chinesen aus. Mag sein, daß sie ihnen nicht besonders wichtig waren, weil sie ohnehin nur mit verkrüppelten Lotosfüßen durchs Leben humpelten. Aber zu etwas waren sie nicht nur nütze, sondern geradezu unentbehrlich, genau so wie heute: zum Zeugen der oben angeführten Söhne. Ich bin also dafür, daß wir den ersten Lehrsatz um ein Amendement ergänzen: je 1 Sohn + 1 Tochter gezeugt zu haben.

Was die Bäume angeht, so findet die Vorschrift aus dem Land der Mitte meine ungeteilte Zustimmung. Wir haben zu wenig Bäume, außerdem machen wir den kläglichen Restbestand auch noch planmäßig kaputt — laßt uns Bäume pflanzen. Eine überschlägige Rechnung bringt bei entsprechender Betätigung unserer Fünfziger eine halbe Million Bäume mehr pro Jahr. Das ist eine ganze Menge, und man muß sich schon sehr anstrengen, wenn man mit dem bisher üblichen Schadstoffausstoß dagegen etwas ausrichten will. Welche Bäume übrigens zum Pflanzen empfehlenswert seien, ist noch nicht geregelt. Ehe allerdings die bei uns notwendigen Ausführungsbestimmungen erlassen werden, möch-

te ich anregen, auf gewisse Sorten zu verzichten. Palmen zum Beispiel sind zwar hübsch, aber schwierig zu warten, weil man sie winters hereinnehmen muß. Auch der Eukalyptusbaum, der so gut gegen Schnupfen und Heiserkeit ist, verträgt unseren Schnee nicht ganz klaglos. Besser sind Eichen, nicht aus nationalistischen Erwägungen, sondern weil ihr Furnier allemal gutes Geld bringt, und Buchen, die man laut einer alten Volksweisheit suchen soll.

Wir kommen zu den Büchern, von denen man mit fünfzig Jahren zumindest eines geschrieben haben sollte. Hier hebt sich mahnend und fast automatisch mein Zeigefinger: wenn das vorliegende Buch erschienen ist, haben wir eigentlich Bücher genug. Man sagt zwar, daß viele Leute bei uns überhaupt noch kein Buch besitzen, und ich teile die tiefe Sorge, was die denn wohl bei einem längeren Stromausfall machen (ja, gut — Kinder zeugen ist ganz nett, aber weiter oben war von je einem jeder Gattung die Rede, und die Sicherungen knallen ja wohl öfter als zweimal im Leben durch!). Indessen bin ich nicht einmal sicher, ob ein Bücherangebot nach altchinesischen Maßgaben überhaupt auf verbreitetes Interesse stoßen würde. Schaue ich mich in meiner Nachbarschaft um, und mutmaße ich, was die Fünfziger meiner näheren Umgebung bis jetzt geschrieben haben könnten, aufgrund ihres Wissens und Könnens, so kämen diese Werke dabei heraus: »Mehrwertsteuer des ambulanten Kleingewerbes in historischer und gegenwärtiger Sicht«, »Hackfruchtanbau in den Höhengebieten der Kölner Bucht«, »Selbsttanken leicht gemacht« und »Freud' und Leid des Landbriefträgers«. Deshalb bin ich dafür, die Anweisung zum Buchschreiben ersatzlos zu streichen. Wir sind eben nicht so verrückt auf Gedrucktes wie die alten Chinesen, die noch gar kein Kino und kein Fernsehen hatten.

Unser Mann über fünfzig blickt also, wenn er brav gewesen, auf einen Bestand von je einem Sohn, einer Tochter und einem Baum herab. Was nun? Reicht das aus, wenn nicht für die Unsterblichkeit, so doch für ein ehrendes Angedenken in der näheren Umgebung?

Ratsuchend schauen wir uns nach repräsentativen Beispielen um, und wie es denn auch nicht anders sein kann, geraten wir an Goethe. Als der die Fünfzig überschritten hatte, hielt er erst einmal inne. Er brachte Ordnung in seine Angelegenheiten, korri-

gierte noch ein bißchen an der Farbenlehre herum, sonderte aber ansonsten keine weiteren literarischen Hits ab. Mozart beispielsweise sei schon viel früher mit seinem Lebenswerk fertiggewesen, ließ er verlauten, und Schiller auch. Als ihn der getreue Eckermann aber auf einige Zeitgenossen aufmerksam machte, die in hohem Alter noch von jugendlicher Energie und Beweglichkeit seien, sagte Goethe: »Das sind geniale Naturen; sie erleben eine wiederholte Pubertät, während andere Leute nur einmal jung sind.«

Eine zweite Pubertät

Wie Gott und die Welt weiß, legte auch Goethe einige Jahre später mit einer zweiten Pubertät los. Dem verdanken wir unter anderem des »Faust« zweiten Teil, aber so rein geistig ist die Sache gar nicht zu nehmen, wie das beweist, was der alte Johann Wolfgang noch mit Ulrike von Levetzow (und anderen) anstellte.

Aber ich kann auch ein weiteres, näherliegendes Beispiel anführen, für dessen Wahrheit übrigens eine handelsgerichtliche Eintragung zur Verfügung steht: da war ein Unternehmer, der plötzlich keine Lust mehr hatte. Er verkaufte seinen Betrieb an interessierte Amerikaner und zog sich in einen beliebten Kurort seiner engeren Heimat zurück. Dort lebte er, losgelöst von seiner ganzen beschwerlichen Vergangenheit, seinen Hobbies, wozu auch das Kupferschmieden gehörte nebst feinen Treibarbeiten in diesem Metall. Dies und das entstand unter seinen dilettantischen Händen, füllte allmählich die Regale in seinem Wohnzimmer, fand Anklang bei Besuchern und Freunden ... alles weitere ist schnell berichtet. Er konnte den Anfragen und Aufträgen nur

nachkommen, indem er Hilfskräfte einstellte. Die machten bald eine Buchhaltung und eine Personalabteilung nötig, und als er 52 wurde, hatte er eine neue, blühende Manufaktur für kupferne Kesselchen und Leuchter und Gießkännchen und saß in einem Chefsessel, der wesentlich komfortabler war als in seiner alten Fabrik.

Die Fünfziger sind das eigentliche unwägbare Element in unserem Volksganzen und der Alptraum aller Statistiker. Wenn ein junger Mensch eine Lehre als Bürokaufmann antritt, kann man ziemlich genau vorhersagen, wann er Sachbearbeiter wird, Obersachbearbeiter und gar Abteilungsleiter. Sein Einkommen ist geregelt, der Staat kann seine Steuerzahlungen einkalkulieren, auch voraussichtlicher Wohnbedarf und Kinderzahl lassen sich abschätzen und machen behördliche Planung verläßlich. Ein Fünfziger jedoch ist für alles mögliche gut. Mag sein, daß er sich demnächst zur Ruhe setzt und auf

Zu jeder Überraschung fähig

seinen Rentenanspruch pocht. Genauso gut kann er aber auch die Welt mit einer Zweitkarriere als Sojabohnenbauer überraschen, mit einem steilen Aufstieg als spätberufener Kindergärtner oder mit dem Entschluß, fortan Kirchturmhähne und Wetterfahnen zu entwerfen und weithin anerkannter Experte dieses luftigen Gewerbes zu werden. Wetten, daß er es schafft? Mit fünfzig begann Heinrich Schliemann, das vergessene Troja auszugraben. Sie sind zu jeder Überraschung fähig, die Männer über fünfzig. Schliemann hatte eine harte Lehrzeit hinter sich, als er achtzehnjährig nach Venezuela gehen wollte, um dort Kaufmann zu werden. Er erlitt Schiffbruch, gelangte nach Holland und lernte dort in drei Jahren sechs Sprachen. Da er Russisch konnte, schickte ihn seine Firma nach St. Petersburg, wo er bald auf eigene Rechnung Handel trieb und mit sechsundzwanzig Jahren schon Millionär war. Er ging in die USA, machte beim Goldgräberboom mit, zog dann Gewinn aus dem russischen Krimkrieg und reiste durch die Welt. Man hätte meinen können, er habe nun genug aus seinem Leben gemacht. Schliemann jedoch war anderer Ansicht. Mit 48 promovierte er, trennte sich von seiner ersten Frau, heiratete eine neue und ging endlich daran, Troja auszugraben und den »Schatz des Priamos« zu finden. Er grub tatsächlich Troja aus und fand den Schatz, und ich weiß nicht, was er noch hätte tun können, um zu beweisen, daß ein Fünfziger zu fast allem gut ist, was man gemeinhin einem Dreißiger kaum zutraut ...

3
Die früh Vollendeten ... und dynamische Naturen

Kein Zweifel, daß es bei den Männern über fünfzig einige gibt, die ihr Lebenswerk für vollendet ansehen. Andererseits kennt man auch solche, die dann erst richtig loslegen. Anhand zweier repräsentativer Beispiele soll das hier deutlich gemacht werden: Daddy Rethlevsen und Dschingis Khan. Wiewohl beide recht unterschiedlich in Herkommen, Ausbildung und Lebensführung waren — still, fleißig, zurückhaltend der eine, machthungrig, aufbrausend und ungebärdig der andere — so eint sie doch das Schicksal, eines Tages die Fünfzigermarke überschritten zu haben. Wie sie darauf reagieren, ist typisch für eine ganze Gruppe von Überfünfzigern uns soll hier, pars pro toto, dargestellt werden. Nehmen wir mal Daddy Rethlevsen! Sie kennen ihn nicht? Vielen Menschen geht es so, aber wenn Sie noch ein paar Zeilen Geduld haben, werden Sie ihn kennenlernen. Lange bekleidete er eine nicht unerhebliche Stellung bei der Post, übrigens zur Zufriedenheit seiner Vorgesetzten wie auch der Kunden (mit denen er direkt allerdings kaum etwas zu tun hatte, es sei denn, jemand wollte die Post zur Anschaffung von hübschen kleinen Zählwerken für die Einzelabrisse an den Papierrollen auf den posteigenen Diensttoiletten überreden — dann geriet er an Rethlevsen. Auch war er lange für die Beschaffung von Blaustiften mit dem eingravierten Aufdruck »Behördeneigentum« zuständig).

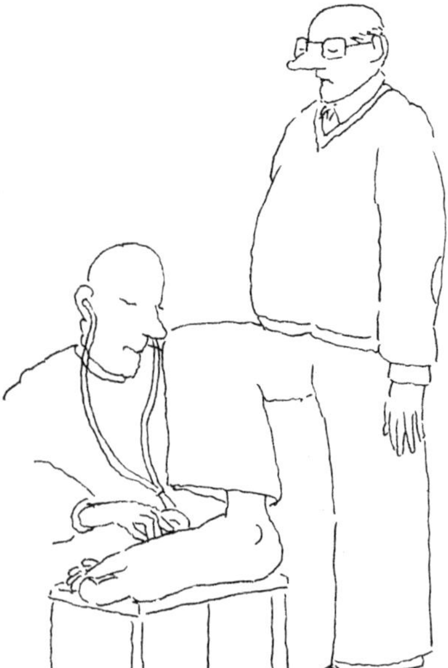

Eines Tages aber verspürte er im rechten Fuß eine merkwürdige und bedenkliche Empfindung. Nicht eigentlich einen Schmerz, mehr ein dumpf bohrendes Gefühl, das sich bei bevorstehenden Wetteränderungen zu einem leichten Ziehen wandelte. Der Hausarzt nahm eine Senkung des Fußgewölbes an und empfahl Einlagen sowie regelmäßige Fußbäder mit Salzwasser, dem einige Tropfen Bärlapptinktur beizumischen waren. Rethlevsen beschaffte sich die Einlagen und kam sich deutlich erhöht vor, er badete, bis sich an seinen mageren Knöcheln so etwas wie Schuppen bildeten, aber das Gefühl schwand nicht. Eine Kapazität zu konsultieren erlaubten ihm seine Mittel nicht, aber ein für die Behandlung von Postbediensteten zugelassener Heilpraktiker renkte ihm den Fuß mehrfach aus und ein, setzte Schröpfköpfe — ohne dauerhaften Erfolg.

Die Sache kam, wohin sie kommen mußte, nämlich vor einen Amtsarzt. Der beschloß, Rethlevsen mit eingreifenden Maßnahmen für den Postdienst zu retten, und verschrieb ihm eine Kur in Bad Bertrich. Rethlevsen nahm dort drei Kilo zu und zeigte ein deutliches Hinken, als er in den Dienst zurückkehrte. Er konnte nicht mehr richtig auftreten, wie er bewegt klagte. Da ein richtiges Auftreten jedoch für Beamte des mittleren Dienstes unerläßlich ist, wurde Rethlevsen nun doch einem Spezialisten vorgeführt. Der las sich die Krankengeschichte durch, beschloß nach kurzer Überlegung, allen Komplikationen seines ohnehin schon schwierigen Fachgebiets zu entgehen und schrieb Rethlevsen kurzerhand dienstunfähig. Und damit ihm der Fall endgültig aus den Augen kam, dauernd untauglich für die bisherige hoheitliche Verwendung. Bei der Verabschiedung gebrauchte der zuständige Amtsrat u. a. die Formulierungen »aufopfernde Dienstbereitschaft« und »nimmermüden Einsatz«, und Rethlevsen zog mit einer Urkunde heim in sein kleines Häuschen am Rhein, leicht hinkend, aber sonst recht zufrieden. Zu diesem Zeitpunkt war er 52 Jahre alt und im Genuß einer ausreichend bemessenen Pension.

Merkwürdigerweise besserte sich sein Leiden, je länger er in schöner Beschaulichkeit den Anglern am Rhein zusah und seine Abende in heiterer Muße

zwischen den verschiedenen Fernsehprogrammen und frohen Runden in »Nettesheims Pilsstübchen« teilte. Aber er hütete sich sehr wohl, die Diagnose dauernder Dienstunfähigkeit in Frage zu stellen. Behörden — das hatte er in langen und stets belobigten Dienstjahren gelernt — irren nicht. Als Frühvollendeter hofft er auf noch viele schöne Jahre, und beim Sommerfest des örtlichen Schützenvereins sah man ihn jüngst sogar einer attraktiven Witwe aus dem Nachbarort schöne Augen machen.

Ganz anders die dynamischen Naturen unter den Fünfzigern! Auch diese gibt es, und viele haben schon das öffentliche Interesse auf sich gezogen. Beispielsweise Dschingis Khan. Gut — er war Khan, und das ist ein Beruf, der einen schon ausfüllen kann. Aber er ließ es nicht bei den üblichen Khan-Geschäften bewenden. Zielstrebig rekrutierte er sich eine Reiterarmee, baute ein Feldpost- und Versorgungsnetz auf und raffte an Waffen zusammen, was er nur kriegen konnte. Seine Stammesältesten schüttelten den Kopf. »Was will er mit dem ganzen Kram?« fragten sie sich. »Um immer mal einen Nachbarstamm zu überfallen, die Frauen zu schänden und die Kornspeicher auszurauben, genügen doch unsere drei Kohorten vollkommen?«

Man muß ihnen zugutehalten, daß sie allesamt schon in jungen Jahren Älteste geworden waren, was damals auf dem Weg ganz normaler Bestechung möglich war, und seitdem hatten sie sich kaum als

Neuerer oder Freigeister hervorgetan. Dschingis Khan ließ sie reden, warb per Inserat in der »Times« noch ein paar talentierte Waffenschmiede an und führte vorsorglich bei seinen Soldaten ein Prämiensystem ein, das für getötete Feinde zwei Punkte, für geraubte Schätze entsprechend mehr bot.

Vielleicht hätte sich manch' einer denken können, was er in seinem Herzen bewegte, wenn er ihn in stillen, mondhellen Nächten beobachtet hätte. Dann ging der Khan nämlich, nur von seinem treuen Kirgisenhund Jaspis begleitet, in die Wüste hinaus, betrachtete die weiten Horizonte und ließ ein leises, meckerndes Lachen hören, das die Kojoten erschreckte und den Geiern das Gefieder sträubte. Aber niemand tat das, und so brach der Sturm dann unvermutet los, wenige Tage nach des Khans fünfzigstem Geburtstag am 14. März. Die Tore der Garnisonen überall im Land sprangen auf, und die Reiterhorden fegten los, den scharf geschliffenen Speer in der Hand und das Beefsteak unterm Sattel. Was daraufhin geschah, ist in jedem besseren Geschichtsbuch nachzulesen: im Jahre 1210 wurde die

Mandschurei mongolisch, 1215 ganz Nordchina einschließlich Peking. 1218 kassierte der Khan die Reste des Kitan-Reiches und Sibirien, im nächsten Jahr Korea und Turkestan, 1220 Samarkand und Nordpersien, 1221 Kaschmir und Afghanistan. 1224 nahm er sich die Ukraine, und 1227 hatte sein Reich eine Ausdehnung von Korea bis Südrußland. Das hat bis heute keiner unserer alerten jungen Manager dem Fünfziger Dschingis nachgemacht, und es sieht nicht danach aus, als ob eines der vielversprechenden Talente von West Point oder Magnitogorsk in absehbarer Zeit dazu imstande wäre! Nein, er war von einer einmaligen Einmaligkeit.

Man muß eben doch das Schwabenalter überschritten und gut vorgesorgt haben, um Werke von einigermaßen frappierender Wirkung zu verrichten, und dafür sind Männer über fünfzig gut, wie ja auch die Praxis lehrt. Unter den Dreißigern, Vierzigern findet man zum Beispiel nur wenige Generaldirektoren, Graue Eminenzen oder auch nur Schlachtenlenker von überregionaler Bedeutung. Kardinäle gar sind fast immer über fünfzig, und Ministern, die erst nach 1945 geboren wurden, sieht man mit berechtigtem Mißtrauen bei der Amtsausübung zu. Sicher, sie geben sich Mühe und sind auf ihre Weise sogar vielleicht ganz fähige Bürschchen. Aber das große Vorbild der fünfzigjährigen Dynamiker, den Dschingis Khan, erreichen sie nie.

4 Manche sind verhältnismäßig vernünftig

Es hieße, der Nachwelt ein völlig falsches Bild unserer Fünfziger zu überliefern, wenn man nicht über ihre Freundinnen spräche. Zeiten, die sich nicht so liberal gaben wie die unsere, haben diesen Aspekt männlichen Lebens zu leugnen versucht. Aber wieviel Leid, Bitternis und Zwietracht hat deshalb ganze Generationen von Germanisten geprägt, die sich mit der Frage »Hat er, oder hat er nicht?« bei Goethe und der Frau von Stein plagen mußten. Da ist es schon ehrlicher, ein wenig Licht in die Sache zu bringen und zuzugeben: die meisten haben, wenn sie über fünfzig sind — eine Freundin. Ich will sogar noch weitergehen in meiner offenherzigen Darlegung der Verhältnisse und sagen: gerade der Mann über fünfzig ist prädestiniert für eine Freundin.

Warum dieses, da doch Lebenserfahrung wie auch tägliche Anschauung eher dafür sprechen, das beste Alter für den Erwerb einer Freundin zwischen fünfzehn und fünfundzwanzig anzusetzen? Gemach! Wenn die jugendlichen Säfte zu brausen beginnen, zieht es den sprießenden Mann zwar zum Weibe, aber in seinem lenzlichen Überschwang will er mehr als eine Partnerin für angenehme Gespräche, eine Zweit- oder Nebenfrau, eine Dämmerstundenliebe oder die Reisebegleitung für einen Abenteuerurlaub. Er will alles, und wenn er sich dann einigermaßen beherzt den Kopf verdrehen läßt, bekommt er es auch.

Fortan ist er rund um die Uhr beschäftigt. Die Wochen, Monate oder gar Jahre der Balz halten ihn hinreichend in Atem. Die Eheschließung ist begleitet von der aufreibenden Gründung eines Hausstands und gefolgt von der nicht minder zermürbenden Aufzucht der Kinder. Glaubt der junge Ehemann, endlich einmal Atem holen zu können, gehen die Erstanschaffungen kaputt und müssen ersetzt werden. Der berufliche Aufstieg fordert entsprechende Anstrengungen, was das Rahmenprogramm von Auto und Selbstdarstellung angeht, schließlich will man ja endlich einmal in Urlaub fahren, so richtig mit Flugkarte und Taucherbrille, die Kinder wachsen ins Geld und brauchen Tennisschläger, Mofas, Einstiegsmodelle der Computertechnik und Zahnspangen — man zeige mir den Tausendsassa, der bei

alledem noch Zeit, Geld und Gelegenheit für eine Freundin abzweigen kann!

Mit fünfzig aber und etwas darüber lebt sich's gänzlich anders. Was man an Auto, Fernsehrecorder, Waschmaschine, Tiefkühlschrank und anderem essentiellem Spielzeug haben muß, hat man. Die Kinder sind aus dem Gröbsten heraus und suchen sich ihren Weg mit gelegentlichen Zuwendungen. Im Beruf ist man etabliert, sei es als Vorarbeiter oder Generaldirektor — wann sind die Voraussetzungen, ist die Notwendigkeit einer Freundin eher einzusehen?

Partnerinnen der G-Gruppe

Allerdings liegen die Verhältnisse nicht mehr so einfach wie im Frankreich der Jahrhundertwende, wo eine Maitresse einfach eine gesellschaftliche Selbstverständlichkeit war und jemand, der keine hatte, Verdacht auf abartige Neigungen erregte. In unseren Tagen ist die Freundin durchaus sanktioniert; indessen sollte sie eine spezielle Motivation haben. Besonders häufig wird diese von den Partnerinnen der G-Gruppe geliefert (Gefährtinnen, Gespielinnen, Genossinnen etc.), aber geradezu exemplarisch sind die der Kategorie GG, von denen hier einige vorgeführt werden sollen, um das Verständnis für den befreundeten Mann über fünfzig zu vertiefen. Das hat er wahrlich verdient.

Da ist zunächst als fast zwangsläufig vorkommende Species die Ghetto-Genossin. Es handelt sich dabei um ein keineswegs hervorstechendes oder atemberaubendes Wesen unwichtigen Alters, das nicht einmal unter »Menschen wie du und ich« in Reader's Digest zu erwähnen wäre, wenn es nicht ein paar unstreitige Vorzüge hätte. Fast immer ist sie die am wenigsten widerwärtige Weibsperson einer Gruppe von zwölf oder fünfzehn Mitarbeitern, mit denen der Mann tagsüber aus beruflichen Gründen zusammengesperrt ist. Sie kann als Sekretärin figurieren, ist aber ohne weiteres auch als Buchhalterin, Sachbearbeiterin oder (im Idealfall) Leiterin einer parallelen Abteilung denkbar. Das alltägliche Zusammensein, in anderen Verhältnissen von vornherein verdachterregend, wird hier durch die Arbeitszeitordnung gedeckt; die fehlende größere Auswahl verengt den Blick auf wünschenswerte weitere Vorzüge. Und wenn man den Fünfziger fragen würde, warum er gerade diese zur Freundin erwählt habe, müßte er, wenn er ehrlich ist, sagen: »Sie war halt da ...«

Ein wesentlicher gemeinsamer Nenner besteht hier darin, daß man eine ganze Menge Sorgen, Abneigungen, Beschwerden und (in geringerem Maß) Sympathien teilt. Das alles verlangt nach verständnisvoller Aussprache, die vorzugsweise nach Dienstschluß in verschwiegenen Cafés stattfindet, bei gemeinsamem Kinobesuch oder — seltener, wenn die Luft einmal auf beiden Seiten rein ist — an einem gemeinschaftlichen Wochenende.

Sex ist in einer solchen Beziehung nicht besonders wichtig. Wenn sich eine erotische Spannung, die sich trotz aller mißlichen Umstände eines Büros, eines Arbeitsplatzes durchaus aufbauen kann, einmal entladen hat, dümpelt Eros meist so vor sich hin, nicht anders als in mancher älteren Ehe, und ist wirklich keines Aufhebens wert. Viel wertvoller ist die Ghetto-Genossin für den Mann über fünfzig, weil er sich mit ihr nicht so allein und ohne Lichtblick bei der Arbeit fühlt, nicht so ausgesetzt im Einerlei des Erwerbslebens und so bar jeder humanen Beziehung zwischen Posteingangskorb und Telefon. Mag sein, daß eine solche Freundin nicht gerade als moralische Anstalt im Schillerschen Sinn zu betrachten ist. Aber sie therapiert den Fünfziger unmerklich so, daß er nicht eines Tages mit einem blanken Messer zwischen den Zähnen laut schreiend durch ein geschlossenes Fenster springt. Und das ist ein Umstand, der gesellschaftlicher Billigung wert ist und sie auch durchaus findet.

Sogar Ehefrauen verhalten sich oft dementsprechend, erspart doch das zugedrückte Auge manch langweilige abendliche Darlegung der innerbetrieblichen Machtstrukturen und die rhetorische Frage vorm Einschlafen, warum Kollege Schmitz den wichtigen Aktenvorgang Hölderlein & Pfannenbäcker in seinen Schrank geschlossen hat, ehe er nach Rimini in Urlaub fuhr ...

Bei der Betrachtung von Freundinnen kommt man auch nicht um den *Guten Geist* herum. Was dem jungen Mann in den Zwanzigern die mütterliche Geliebte, das ist dem Fünfziger der *Gute Geist* als Freundin. Bei ihr findet er Verständnis und guten Rat, wenn beides in der Ehe durch langes Zusammenleben und Gewöhnung an gewisse verhärtete Positionen nicht mehr zu erwarten ist. Sie ist in den seltensten Fällen jünger als der befreundete Fünfziger, oft ein wenig besser gestellt und fast immer erfahrener. Kommt er zu ihr mit der bewegten Klage über seine Gattin, die ihm das Aquarium mit Südsee-Stachelrochen und polynesischen Klein-Haien partout nicht erlauben will, rät sie ihm klug und gemäßigt zu einem kleineren Terrarium, bewohnt von sanften Schildkröten und problemlosen Lurchen. Meutert er auf ihrem Sofa gegen das eheliche Verbot, beim Grillabend mit den Nachbarn in einem goldfarbenen Jeansanzug aufzutreten, wird sie sein Interesse geduldig auf eine dezente lederne Bundfaltenhose und leichte Sommerpullover lenken. Ganz besonders schätzt er ihr Einfühlungsvermögen bei der Auswahl von passenden Geschenken; sie kennt das Angebot an modischem Chi-Chi und weiß, wo es diese entzückenden bemalten Seidentücher gibt, die seine Frau so mag.

Die Damen kennen sich nämlich. Das gehört dazu beim *Guten Geist.* Sie stehen sich vielleicht nicht besonders nahe, aber in Glücksfällen, die es hin und wieder gibt, haben sie sich längst über gewisse Eigenheiten des Fünfzigers verständigt — daß er keine Schmalzbrote mag, ungern zur Bahn gebracht, lieber am Bahnhof abgeholt werden will, und daß er auf einen trockenen Mosel immer Sodbrennen bekommt, wogegen ihm dann Natron hilft.

Der *Gute Geist* ist ungefähr in des Fünfzigers Alter und hat ihn unmerklich zu der Einsicht gebracht, daß Teenager und anderes junge Gemüse für ihn nicht mehr taugen. Gleichaltrige bieten die ihm gemäße Beziehung, hat er bei ihr eingesehen, und deshalb ist die kluge Gattin denn auch nicht besonders aufgeregt, wenn sie ihn bei ihr weiß. Die Freundin nimmt ihr manche Arbeit ab; soll er ihr dafür ruhig Händchen halten oder anderes, wovon er meint, daß es ihm etwas Neues wäre. Gefrühstückt wird ohnehin zu Haus, und notfalls wartet sie mit dem Abendessen. Denn kochen — das hat sie inzwischen herausgefunden — kann der *Gute Geist* in der Regel höchst miserabel.

Der *Good Guy* trägt unter den Freundinnen des Fünfzigers deshalb eine englische Bezeichnung, weil es sich dabei fast immer um eine sportliche Beziehung handelt. Mit dem *Good Guy* spielt er Tennis, steigt er Berg oder trainiert er für die holsteinische Tandem-Meisterschaft. Das gemeinsame Interesse hat sie zusammengeführt; bei einem Gewitter, vor dem sie beide Schutz suchten, haben sie sich etwas näher kennengelernt, und da es kaum einen Sport gibt, den man mit einiger Befriedigung allein ausüben kann, ist die entstandene Freundschaft nicht mit mehr Argwohn belastet als jede andere Kollegialität — also mit etwa 30—40 Prozent.

Freilich funkt es gelegentlich in einer Freundschaft mit dem *Good Guy*. Man fällt sich nicht nur nach gewonnenem Match beim gemischten Doppel, auf erstiegenen Gipfeln und nach dem gemeinsamen Sieg in zwei Sätteln in die Arme. Die Intimität gleichgestimmter Seelen in sportlich-körperlichem Beieinander führt manchmal zu Weiterungen. Deshalb lassen Ehefrauen den Fünfziger auch immer mit gemischten Gefühlen ziehen, wenn er zur sportlichen Betätigung aufbricht. Und beim Sommerfest des Vereins kommen sie sich unter all' den munteren Leuten, die »Du« zu ihrem Gatten sagen und ihm abwechselnd auf die Schulter klopfen oder ihn in den Arm nehmen, etwas fremd vor. Andererseits sind sie froh, daß sie nicht bei glühender Hitze einen Tennisschläger in die Hand nehmen müssen; sie werden im Gebirge leicht schwindlig, und es graust ihnen bei dem Gedanken, ein Tandem zum Sieg lenken zu müssen, wobei er hinter ihr gnadenlos in die Pedale tritt.

Deshalb nickt sie zurückhaltend, wenn er ihr Doris vorstellt. »Du weißt ja, ich habe dir von ihr erzählt, wir haben zusammen . . .« sagt er in verständlichem Bemühen, bei diesem Balanceakt das Gleichgewicht zu halten. Wenn Doris nicht allzu attraktiv ist, nimmt die Gattin ihre sportlichen Meriten zur Kenntnis und geht über alles Weitere hinweg. Andernfalls sagt sie zuckersüß »Meine Liebe ...« zu ihr, und dann müssen die beiden Frauen sehen, wie sie fürderhin koexistieren. Der Fünfziger fühlt sich insofern schuldlos, als man ja nun wirklich nicht allein Tennis spielen kann ...

Die *Große Geliebte* gehört eigentlich in die K-Gruppe, zu den Katastrophen. Aber da manche von ihnen, wenn sich der Orkan gelegt hat, als Freundinnen weiterleben, können sie mit gewissen Einschränkungen auch hier aufgeführt werden. Im Grunde ist sie dem Fünfziger von Jugend auf systemimmanent gewesen. Er trug schon immer ein Bild einer schlanken Dunkelhaarigen mit Altstimme in seinem Herzen, hat dann aber doch die blonde Mollige geheiratet und ist nicht schlecht dabei gefahren. Das Bild der anderen verblaßte mit der Zeit, manchmal lächelte er über seine pubertären Sehnsüchte. Und dann steht sie eines Tages vor ihm, die, nach der sich sein Unterbewußtsein all' die Jahre verzehrt hat. Es ist ein Blitz, der einschlägt und ihm den Atem nimmt.

Allzuviel hat sich aber auch dem Urbild von damals angelagert. Ein bißchen von der kleidsamen Melancholie der Annemarie Düringer aus dem »Dritten Mann«, etwas vom patenten Charme der

Jane Fonda, schließlich eine Prise Judy Collins ... er stürzt sich in jäh aufflammender Leidenschaft darauf — und wenn ein Mann über fünfzig das tut, dann ist es nicht das lispelnde Liebesstammeln eines zagenden Jünglings! Er verfolgt sie mit allen verfügbaren Mitteln, dringt mit erschreckender Wucht auf sie ein, kauft Blumenläden leer, mietet die schnellsten Leihwagen, läßt die entferntesten Beziehungen spielen, um Premierenkarten oder eine Einladung in die bayerische Botschaft zu Bonn zu ergatten, er nimmt sich Sonderurlaub, zieht täglich ein frisches weißes Hemd an und treibt es auch sonstwie auf die Spitze — dies ist tatsächlich eine Gelegenheit, wo Männer ihr Erspartes abheben und mit einer fremden Frau nach Monte Carlo reisen, oder zumindest nach Bad Neuenahr.

Das erschreckte Wesen, das natürlich nichts von seiner Wirkung ahnte, erliegt dem Ansturm in den meisten Fällen, unvorbereitet, wie es war. Ein Fünfziger, der von Sinnen ist, beeindruckt allerdings

auch ziemlich. Wer schenkt sonst schon hundert rote Rosen, und — wer kann sie schenken, wenn ihm danach ist? Doch nur jemand, der bei seiner Bank das Gehaltskonto überziehen kann oder seit ein paar Jahren das Kleingeld in einer Blechbüchse gehortet hat! Halb läßt sie sich ziehen, halb sinkt sie hin, und wenn sie am anderen Morgen nicht in Monte oder Neuenahr erwacht, so doch mindestens nach einem feuchten Betriebsfest, von wo in dieses Bett gekommen sie sich nicht mehr recht erinnert.

Die Dritte-Mann-Melancholie

Alles weitere verläuft dann so, wie wenn der Film zu Ende ist. Der Mann über Fünfzig, immerhin nicht so dumm, wie er in die Sache hineingestolpert ist, vermißt zuerst, was Jane Fonda auf der Leinwand so attraktiv machte, und schon gar das Raffinement der Collins. Die Dritte-Mann-Melancholie überlebt am längsten, gerade weil er längst bemerkt hat, daß sein Idol schon zum Frühstück Currywurst verlangt, Cagliostro für den Sommersitz des Papstes hält und herzlich über die Witze von Willi Breinholst lachen kann.

Die Sache endet dann als das, was im Kreuzworträtsel als »große Dummheit« gefragt wird und tatsächlich eine Eselei ist. Abgeklärte Ehefrauen haben gleich gewußt, daß der Blitz, der in einen alten Ofen schlägt, kein Herdfeuer entzündet, sondern höchstens ein bißchen Ruß in die Stube wirbelt, und gehen im Besitz einiger recht hübscher feuriger Kohlen zur Alltagsordnung über.

Natürlich gibt es noch eine ganze Reihe anderer Verhältnisse, in denen ein Mann über fünfzig leben kann. Es kann dem verständnisvollen Beobachter nicht verborgen bleiben, daß mancher außer Haus

sucht, was er daheim nicht oder nicht mehr findet: englische Marmelade und gebratene Heringe mit Porridge zum Frühstück, eine neue, fernöstlich geprägte Variante dessen, was ihm als Sex schon immer am Herzen lag, oder auch nur eine geduldige Zuhörerin seiner Erinnerungen an jene wilden, schönen Jahre im Ruhrgebiet. Aber was auch immer da gesucht und gefunden wird — ein Mann über fünfzig bleibt verhältnismäßig vernünftig. Er wird wegen seiner Freundin weder Weib und Kind verlassen noch sein Haus am Roulettetisch verspielen. Er weiß, daß alles im Leben seine Zeit und seine Stunde hat. Am Sonntagmorgen, beispielsweise, oder am Heiligen Abend ist er für seine Freundin nur in dringenden Ausnahmefällen zu sprechen.

»Ich meine, daß ein Mann, der sich von einer Frau beherrschen läßt, der größte Einfaltspinsel der Welt ist und unwürdig, den Ehrennamen eines Mannes zu tragen«, hat Friedrich der Große gesagt. Irgendwann muß das in die Reihen der Männer über fünfzig durchgesickert sein. Jedenfalls haben manche von ihnen eben eine Freundin ...

5
Im Sport groß und bedeutend

Untersucht man die Rolle, welche Männer über fünfzig im sportlichen Geschehen spielen, darf man sich den klaren Blick nicht von Präsidenten olympischer Komitees, Oberligavereinen und Fußballgerichtshöfen trüben lassen. Diese Leute mögen für den Sport unerläßlich sein, aber Sportler sind sie eigentlich nicht.

Man darf auch nicht die Flinte vorzeitig ins Korn sinken lassen, weil verhältnismäßig wenig Rekordhalter im Hoch-, Weit- oder Dreisprung unter den Fünfzigern zu finden sind. In den Laufdisziplinen sieht es nicht besser aus, wenngleich es Marathonläufer dieser Altersklasse geben soll. Aber das sind ohnehin nur Jogger, die wegen ihres erweiterten Sportlerherzens einfach weiterlaufen müssen, gleichgültig, wieviele Jahre sie über die Distanz schleppen. Wo es nun einmal um das »Höher, weiter, schneller« geht, überlassen die klug gewordenen Fünfziger den jungen Hüpfern gern das Feld, sind ihnen doch ganz andere Aufgaben angemessen.

Wer ahnt zum Beispiel, welch' ausgesprochen sportliche Leistung hinter einem erfolgreichen Skatabend steht? Von einem Skat-Turnier ganz abgesehen! Man frage einmal einen Meister der Asse und

gedrückten Zehnen, und man wird staunend vernehmen, daß sich der ernstzunehmende Champion auf solche Prüfungen intensiv vorbereitet. Ausgedehnte Waldspaziergänge dienen der körperlichen Ertüchtigung. Lange Abende am Wirtshaustisch stärken die Kondition und bewirken die unerläßliche Akklimatisierung. Die Ernährung muß ausgewogen sein, um den Strapazen unter der Einwirkung von klarem Korn, blonden Bieren, Frikadellen und Soleiern gewachsen zu sein. Höchste Konzentration wird am Spieltisch verlangt; der Skatsportler bereitet sich durch ausreichenden Mittagsschlaf vor, wählt eine leichte, nicht beengende Kleidung und darf vor dem Spiel nicht mit anderen Problemen behelligt werden.

Rechnet man dies alles zusammen, ist leicht einzusehen, daß die Altersklasse der Mittfünfziger dafür die besten Voraussetzungen bietet. Standfeste Naturen mit ausreichender Lebenserfahrung, die sich nicht ablenken lassen und das Trainingsprogramm unbeirrbar absolvieren, sind denn auch gesuchte Mitglieder von Skatrunden und kommen hier zu den schönsten Erfolgen.

Während man den Mann über fünfzig oft vergeblich auf dem Hochseil sucht und ihn noch häufiger am Trapez vermißt, trifft man ihn in großer Zahl beim Sangessport. Hier vereint sich seines Basses Grundgewalt oder auch sein gepflegter Bariton in glücklicher Weise mit dem Glanz der jüngeren Tenöre, um so einen altersübergreifenden Klangkörper von beträchtlichem Durchdringungsvermögen zu bilden. »Na, schön!« wird mancher Uninformierte denken, »sie üben halt ein bißchen, und dann stellen sie sich hin und singen uns eins!« Aber weit gefehlt: Singen, zumal im Männerchor, ist eine sportliche Angelegenheit, die Geist und Körper in hohem Maß beansprucht. Allein das Erlernen des Textes braucht völlige Abgeschiedenheit und ungestörte Konzentration, im Idealfall das Trainingslager eines idyllisch gelegenen Waldgasthofes mit unverfälschter und naturbelassener Ernährung.

Atemtechnik und Stimmschulung erfordern völliges Abschalten von jeglicher trivialen Arbeit, am besten durch ausgedehnten Müßiggang in vielen freien Stunden, die der Sangessportler so seiner Konditionspflege opfert. Viel Zeit nehmen auch die unerläßlichen Räusperkurse in der dünnen, aber klaren Luft des Hochgebirges in Anspruch, ebenso wie die lebenslangen Stand- und Haltungsübungen mit und ohne Pult. Erfolge im Sangessport kann auf die Dauer nur der erzielen, der die nötige Lebenserfahrung mit wirtschaftlicher Solidität vereint, da der schwarze Anzug nach modischem Schnitt nun einmal dazugehört — und unter Sangessportlern gilt es als unwürdig, diesen bei Begräbnissen, Hochzeiten und Preisverleihungen zu entehren. Was Wunder, daß gerade die Männer über fünfzig für die sangessportliche Betätigung wie geschaffen erscheinen?

Die Krönung sportlichen Tuns erreichen Männer über fünfzig allerdings im Kegelwesen. Freilich setzt das nicht nur eine ausgezeichnete Kondition voraus, sondern auch herbe Entbehrungen in der alltäglichen Lebensführung. Auf der Kegelbahn kann man keine flüchtigen Leichtgewichte brauchen. Wie jeder Ballistiker weiß, wachsen Kaliber und Reichweite mit dem Format der Einrichtung, welche die Kugel entsendet. Die Sache hat viel Tradition: wurden schon in früheren Zeiten die kleinen Feldschlangen nur dazu benutzt, Häuflein gegnerischer Krieger zu verwirren und nervös zu machen, dienten die größeren Mörser schon eher der wirkungsvollen Zerstörung, und Haubitzen gar legten ganze

feindliche Bauwerke in Trümmer. So auch im Kegelsport. Der junge Mann mag hier und da einen Treffer erzielen; fürs staunenswerte Abräumen braucht man den Älteren, der auf verläßlich strammen Beinen steht, von Statur und Umfang ein Standbild der Kraft verkörpert und hinreichende Erfahrung aus unzähligen Kegelschlachten gezogen hat — kurzum: den Mann über fünfzig. Nur er wird seinen Klub die Gans beim Preiskegeln gewinnen lassen.

Doping mit Malzbier

Freilich — die dazu nötige Kraft erlangt man nicht mit Salzstangen und Mineralwasser. Da sind schon größere Investitionen an Eisbein, Schweinebraten, Klößen und stärkenden Getränken notwendig. Der wirkliche Kegelsportler entsagt daher auch allem, was ihn schwächen könnte; er vermeidet allzu frühes Aufstehen, zehrende Überstunden, durch Gartenarbeit vertane Wochenenden und nutzlose Spaziergänge, die nur seine Standfestigkeit und sein Beharrungsvermögen untergraben würden. Ja — neuerdings sind sogar Doping-Versuche unter der Hand ans Licht der erschrockenen Öffentlichkeit gedrungen. Dabei soll Malzbier eine gewisse Rolle gespielt haben und Kraftfutter, das aus landwirtschaftlichen Betrieben entwendet und dem Morgenmüsli von Kegelchampions untergemischt wurde.

Der wahre Kegler wird davon keinen Gebrauch machen, sondern seinem und aller Idol auf natürliche Weise nacheifern, jenem Bazi Schleudermoser (56), dessen machtvoll geworfene Kugel im Herbst 1978 nicht nur das Bild abräumte, sondern die Rückwand der Kegelbahn durchschlug, dem des Wegs kommenden Landbriefträger die Tasche mit Einschreibsendungen entriß und auf dem nahen Feld ein Wildschwein erschlug, das dort in trügerischer Sicherheit nach Frühkartoffeln grub.

Was, fragt man sich angesichts solch' sportlicher Leistungen von Männern über fünfzig, sind dagegen läppische hundert Meter in zehn Sekunden oder etwas weniger?

6
Durch die medizinische Brille gesehen

Ein Mann, der heute über fünfzig ist, kann als medizinisch wohlinformiert gelten. Er hat alle therapeutischen Moden mitgemacht, alle Warnungen erschreckt in sich aufgenommen und die nachfolgenden Abschwächungen und Dementis aufatmend registriert. Er grillt in seinem Garten mit dem bohrenden Verdacht, daß dabei krebserzeugende Schadstoffe aus seinem Rindswürstchen steigen. Er zuckt manchmal noch zurück, ehe er Margarine aufs Brötchen streicht, weil da irgendetwas mit dem Cholesterin war, und die Butter beschnuppert er mißtrauisch wegen der Kühe auf den Cadmiumwiesen. Daß der Zucker in seinem Kaffee im Grunde schädlich ist, weiß er längst, aber auch der Süßstoff ist nicht ohne Bedenken zu verwenden, da doch

amerikanische Ratten darauf sehr betrüblich reagiert haben sollen. Daß vieles für eine gesteigerte Vitamin-E-Zufuhr spricht, hat er jüngst erst wieder gelesen, und wie er überhaupt fünfzig werden konnte, ohne seine Bratkartoffeln in Distelöl bereiten zu lassen, ist den Experten schleierhaft.

Das alles und noch viel mehr gehört irgendwie zu seinem Bewußtsein, so wie die Tatsache, daß die sogenannten Supermächte alles Leben auf der Erde längst mehrfach auslöschen könnten, wenn sie wollten. Da er aber noch immer lebt und jeden Morgen aufs neue erwacht, nimmt er die meisten Bedrohungen seiner Gesundheit nicht mehr allzu ernst. Er hat sich in diesem lebensgefährlichen Jammertal eingerichtet, und allenfalls, wenn er sich eine Zigarette anzündet, nimmt er die Warnung des weiland Gesundheitsministers zur Kenntnis, so wie er in seiner Garage das Schild betrachtet, das Laufenlassen von Motoren untersagt ...

Was ihn eher beeindrucken kann, sind Anzeichen gewisser Verschleißerscheinungen. Zahnweh gehört dazu. Wenn in später Nacht auf heißen Kissen der Backenzahn oben rechts zu muckern beginnt, gedenkt er sehnsüchtig des deutschen Arztes Dr. Ritter, der sich alle Zähne ziehen ließ und sie durch ein Edelstahlgebiß ersetzte, ehe er damals mit seiner Freundin auf eine paradiesische Insel auswanderte. Der Mann wußte offenbar Bescheid, aber ob man gleich ganz so weit gehen sollte? Der Besuch beim

Zahnarzt scheint unausweichlich; wieder geht ein Stück von einem selbst dahin, man wird immer weniger ...

Manchmal ein Check-up

Ähnlich elegisch stimmt ein gelegentlicher leichter Schwindel beim Aufstehen. Ist das der Anfang vom Ende? Deutet das auf baldiges Siechtum, auf Krückstock oder gar Rollstuhl? »Stehen Sie halt gemächlicher auf«, sagt der Arzt. »Wenn Sie das Blut in die Beine jagen, fehlt es im Gehirn. Düsenjägerpiloten tragen deshalb sogar Kompressionshosen, damit ihnen beim schnellen Steigflug nicht schwarz vor Augen wird!« Der Fünfziger nickt und ist zufrieden. Wenn sogar Düsenjägerpiloten solche Beschwerden haben, sind sie zumindest kein Anzeichen von Altersgebrechlichkeit.

Hin und wieder, einmal im Jahr vielleicht, fühlt der Mann über fünfzig seine Verantwortung gegen-

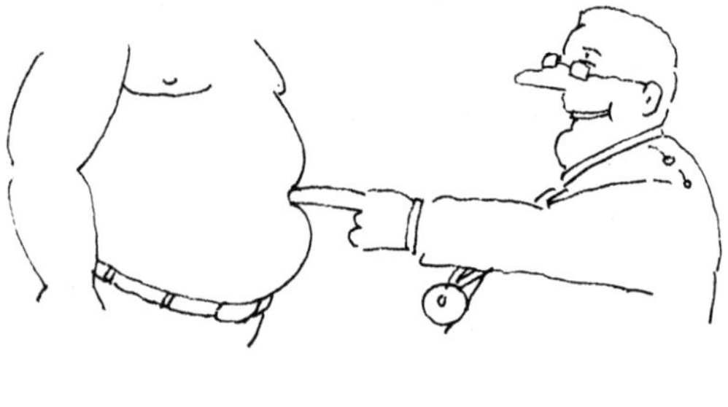

über denen, die ihm lieb sind und für deren Gedeih er zu sorgen hat. Er hat gehört, daß Angehörige bestimmter Berufe ständig medizinisch überwacht werden; da sollte er sich einem Check-up nicht verweigern. Also geht er zum Arzt, liefert diskret ein Fläschchen seiner morgendlichen Ausscheidung ab, läßt sich etwas Blut abzapfen und erwartet gespannt das Ergebnis.

»Also«, hebt der Doktor bei der resumierenden Besprechung an und blickt über seine goldgeränderten Brillengläser, »organisch sind Sie völlig gesund. Blutzucker, Triglyceride, Transaminasen — alles soweit in Ordnung«. Der Fünfziger atmet auf, wartet jedoch, da er seinen Doktor kennt, auf das › Aber ‹. So jung der Mann auch ist, er scheint gründlich und versteht sein Handwerk. »Aber die überflüssigen Pfunde müssen wir schleunigst loswerden«, fährt der Mediziner fort. »Ihre Adipositas verkürzt Ihre Lebenserwartung. Wußten Sie das nicht?«

› Adipositas ‹ heißt Fettleibigkeit. Man könnte das auch etwas dezenter mit › leichtem Übergewicht ‹ ausdrücken, findet der Patient und blickt an sich herunter, wo man das bemerkt, was früher einmal › Embonpoint ‹ hieß und zu einem Mann in seinem Alter gehörte wie Uhrkette und Kreditwürdigkeit.

»Mehr ungesättigte Fettsäuren«, sagt der Arzt, »Kohlehydrate, keine leeren Kalorien. Nehmen Sie morgens ein gehaltvolles Müsli, mittags möglichst fettlos Gegartes mit viel Gemüse, gedünstet, und abends nur wenig leichte Kost. Viel Bewegung an frischer Luft, ausreichend Schlaf — das ist in Ihrem Alter wichtig«.

Unser Fünfziger erhebt sich, ehe weitere Sanktionen über ihn verhängt werden können. Dabei bemerkt er, daß der Herr Doktor auch nicht gerade gertenschlank ist. Neulich, im »Schlemmerstübchen«, hat er ihn eine Zigarre rauchen sehen, und der Rotwein auf seinem Tisch war auch kaum von der leichten Sorte. Er bedankt sich für den guten Rat und geht.

›Ungesättigte Fettsäuren‹, denkt er. Elisabeth wird zusehen müssen, daß sie die möglichst

schmackhaft und appetitlich angerichtet auf den Tisch bringt — egal, was das überhaupt ist. Das gehaltvolle Müsli am Morgen besteht seines Wissens aus Haferflocken, getrocknetem Obst und ähnlichen Scheußlichkeiten. Er will nicht gerade gegen eine ärztliche Verordnung verstoßen, aber die Cerealien kann man doch wohl auch in Form von knusprigen Brötchen zu sich nehmen, und die Fruchtbestandteile als Konfitüre? Was schließlich das fettlos Gegarte angeht, so dürfte ein Hummer oder eine Seezunge gerade richtig sein. Feine Gemüse mag er ohnehin, von Broccoli über Haricots verts bis zum Spargel. Und abends wenig leichte Kost ... dafür gibt es im ›Schlemmerstübchen‹ extra eine Karte, mit Forellenfilets, zarten Kalbsmedaillons und duftiger Gänseleberpastete auf Toast.

Manchmal zwiespältige Gefühle

Beschwingt kehrt der Patient von seiner jährlichen Untersuchung zurück. Seine Gefühle ähneln denen beim Anblick der neuen TÜV-Plakette auf dem Autonummernschild. Im Grunde ist das Leben schön, wenn man fünfzig ist und kerngesund ...

Man kann natürlich auch einmal krank werden. Ein Mann über fünfzig kennt sich recht genau und weiß die Anzeichen zu deuten. Dieser leichte Mißmut, diese Antriebslosigkeit, das kratzige Gefühl im Hals und eine gewisse Schwäche in den Beinen ...

»Ich glaube, ich kriege die Grippe!« sagt er. Eine Grippe ist nicht schlimm, man fängt sie sich ein und wird sie auch wieder los. Andererseits sind in dem schlimmen Winter 1923 viele Menschen an der Grippe gestorben. Das war vor seiner Zeit, aber er hat davon reden hören, und im Grunde hat die Wissenschaft seit damals keine Fortschritte in der Grippebehandlung gemacht. Nieren kann sie inzwischen verpflanzen und Frauen künstlich befruchten, aber Grippe ... man muß nach wie vor achtsam sein, gerade wenn man nicht mehr der Jüngste ist.

Natürlich spendet die besorgte Umgebung eine Fülle guter Ratschläge. Der Mann über fünfzig, normalerweise ein Fels in jeder Brandung, wehrt unmutig ab. Es ist nicht die erste Grippe, die er durchmacht. Doch läßt er sich vorsorglich einen steifen Grog bereiten, trinkt ihn in therapeutisch wirksamen kleinen Schlucken und geht etwas umnebelt früher als sonst zu Bett. In der Nacht hat er merk-

würdige Träume. Es stimmt also doch, daß sich körperliche Vorgänge auf das Seelenleben auswirken .. Am anderen Morgen fühlt er sich zerschlagen und läßt in der Firma anrufen, daß er leider erkrankt ist. Das gewohnte Frühstück bereitet ihm Widerwillen; er beläßt es bei einer Tasse Kaffee und einem schonend belegten Brötchen. Dann schläft er wieder ein. Später am Vormittag kommt ein Anruf der Firma: wo denn der Vorgang Finkbein & Schlauberg läge? Es stimmt ihn froh, daß man nicht ohne ihn auskommt. Bei solchen Gelegenheiten wird das deut-

Ein schöner Tag im Krankenbett

lich! Er legt sich in die Kissen zurück. Wie die Sonne mit den Schatten an der Decke spielt! Und die unterschiedlichen Geräusche draußen! Sonst bekommt er das ja nie mit. Den ganzen Tag ist er in der Firma. Was hat er überhaupt von seinem Zuhause, seiner Familie? Unten summt der Staubsauger. Nur am Wochenende ist er zu Haus, und da wird nicht staubgesaugt. In vieler Beziehung lebt man getrennt. Er rechnet: bei 45 Jahren Gemeinsamkeit bis zur Pensionierung sind das siebentausend Tage, die man nicht zusammen verbringt, und nur ... 52 Wochen hat das Jahr, die Woche sieben Tage, an den Wochenenden ist man zusammen, sind 4680 Tage ... das halbe Arbeitsleben, mehr nicht. Eine Fliege summt, er betrachtet sie, verfolgt ihr aufgeregtes Hin und Her zwischen Spiegel und Gardine. Man müßte viel mehr aus diesen wenigen Tagen machen. Vor allem aus dem Urlaub ...

Irgendwie vergeht der Krankentag mit Ruhen, Umschlägen, einer kräftigenden Suppe und Medikamenten, die sich noch in der Hausapotheke finden. Die Nacht ist nicht besonders ruhsam, weil er am Tag zuviel geschlafen hat. Aber anderntags löst sich die Grippe in einem gewaltigen Schnupfen, und am dritten Tag hält er es schon nicht mehr im Bett aus. Im Morgenrock und in Pantoffeln als äußerlichem Zeichen seiner Schonungsbedürftigkeit (sonst hält er nichts von derart unvollständigem Aufzug) geht er durch die Wohnung, niest und wärmt sich mit einem wollenen Schal. Die Zigarette schmeckt noch nicht wieder, aber die Krisis ist überwunden. Morgen, vielleicht übermorgen ist er wieder der Alte. Wirklich? Oder hat er doch etwas innere Einkehr gehalten und ein paar Vorsätze gefaßt, die er eventuell sogar verwirklichen wird?

Im Leben eines Mannes über fünfzig ist die Grippe oder ein vergleichbares kleines Leiden wichtig als retardierendes Moment. Sonst würde er langsam blind gegen die Schönheit des Augenblicks überm steten Weiterstürmen. Er dampft ja gewöhnlich mit aller Kraft voraus und hat wenig Zeit für die kleinen Blumen rechts und links. Für einen Tag oder zwei aufs Krankenlager geworfen, gehen ihm manchmal die Augen auf, während er sie vom Schnupfen tränend schließt. Das ist das Gute daran, und innerlich gestärkt geht er meistens daraus hervor.

7
Die hinter die Fassade der Dinge schauen

Auch deshalb liebe ich die Männer über fünfzig: sie lassen sich nicht von vordergründigen Notwendigkeiten blenden, sondern nehmen sich Zeit, zum Kern der flüchtigen Erscheinungen im Lauf der Welt, vornehmlich unseres Alltags, vorzudringen. Das zeichnet sie nicht nur persönlich aus, sondern macht sie für die Gesellschaft wichtig und hat manchem schon ein Denkmal bleibender Erinnerung gesetzt.

Auch junge Leute haben da ihre Verdienste. Wenn sie mit frisch erworbenem Wissen von den Schulen oder gar Universitäten kommen, sehen sie vor sich einen Berg ungelöster Fragen und gehen mit frischem Mut daran, sie zu lösen. Ein junger Chemiker etwa, die Brand- und Rauchspuren seines Prüfungsexperiments noch im Haar und an den Händen, schaut sich in seiner Wissenschaft um und erkennt nach kurzer Zeit, daß der Welt noch immer das Diaminoporphyrin-3-metachlortaxalat fehlt. Also geht er mit frischem Mut daran, es zu synthetisieren. Aber was braucht man dazu, Diaminoporphyrin-3-metachlortaxalat zu synthetisieren? Ein paar Semester Chemie, ein ordentlich ausgestattetes Labor und Geduld. Da es sich um einen jungen Chemiker mit Prädikatsexamen handelt, wird er nach, sagen wir, einem Jahr oder zweien (Diaminoporphyrin-3-metachlortaxalat ist eine ziemlich schwierige Substanz; sie neigt bei Tageslicht zur Verpuffung, greift Laboranten und Reagenzgläser an und riecht nach gebratener Schweineleber, und nicht jeder mag gebratene Schweineleber), also nach einem Jahr oder zweien hat er Diaminoporphyrin-3-metachlortaxalat. Ein paar Gramm nur, aber das reicht für eine Veröffentlichung in »Liebigs Annalen der Chemie«. Fortan ist sein Name mit der Diaminoporphyrin-3-metachlortaxalatsynthese verbunden. Aber was bedeutet das? Wird irgendwann irgendjemand mit einem freudigen Aufleuchten seiner Augen sagen: »Ach, ja, das war doch der mit diesem verdammten Taxalat! Ich erinnere mich!« Kaum jemand wird das tun, weil kaum jemand dieses Teufelszeug braucht oder benutzt. Ganz anders ist es da doch mit den Dingen, die einem tatsächlichen Notstand abhelfen. Ihren Erfindern bleibt ste-

tes, verehrungsvolles Gedenken, das bis hin zu verzeihlichen Mißverständnissen geht.

Ein Feldstecher beispielsweise ist ein Gerät, das einem nicht nur weite Wege erspart, wenn man etwas sehen will, das in einiger Entfernung passiert. Er hat auch zahlreiche andere Aufgaben, die einem in besonderen Situationen zugute kommen, und darauf geht seine Erfindung zurück. Dabei hat er nichts mit dem Felde und schon gar nichts mit dem Felde der Ehre zu tun, ebenso wenig wie mit Stich und Hieb. Seine kriegerische Verwendung kam erst in zweiter Linie. Nein — seine Bezeichnung geht auf den Namen seines Erfinders zurück. Christian Feldstecher, Apotheker in Dätigheim, war der verdienstvolle Mann, der das nützliche Spektativum erfand.

Im einigermaßen gesetzten Alter von 48 Jahren hatte Christian Feldstecher die Nase voll von den zumeist wirkungslosen Pülverchen und Tinkturen, die er in seiner Offizin mischte und verkaufte. Wir würden heute sagen, daß er in eine Art pharmazeutische Midlifekrise geriet. Er wandte sich mehr und mehr den etwas abseitigeren Fragen seiner Wissenschaft zu, sagte den heftig brausenden Pülverchen und starken Pillen Valet und erkundete das weite Reich der heilenden Pflanzen. Dabei versicherte er sich der Hilfe einer kundigen Frau, nämlich der Gattin des örtlichen Revierförsters, Amalie mit Namen. In Dätigheim nannte man sie eine Kräuterhexe, aber eine verdammt hübsche und attraktive Kräuterhexe.

Der Förster wußte das sehr wohl, und er hielt eifersüchtig darauf, daß sein Hexlein nicht mit Wilderern der einen oder der anderen Art anbandelte. Vor allem war ihm der Apotheker ein Dorn im Fleisch, zumal er dessen kräuterkundlichen Ambitionen gründlich mißtraute. Christian Feldstecher merkte es daran, daß ihm der Besuch Amaliens zunächst mit groben Worten untersagt wurde. Als er sie dennoch — im Interesse seiner Wissenschaft — nicht mied, warf ihn der wütende Waldmensch ein paarmal hinaus, und schließlich brannte er dem flüchtenden Pharmazeuten gar noch eine Ladung Schrot auf den Pelz.

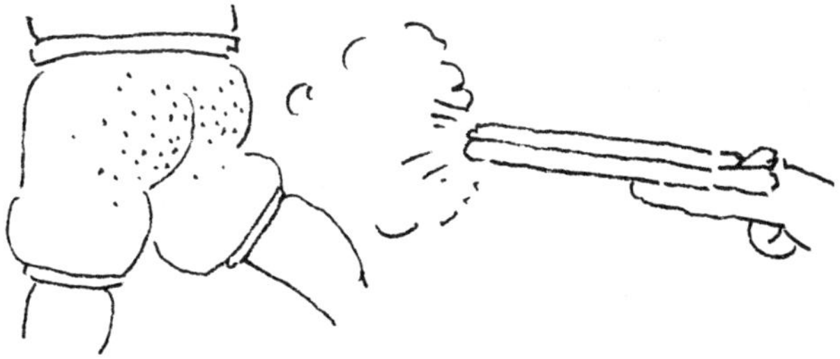

Es galt also, dem eifersüchtigen Förster fortan aus dem Weg zu gehen. Christian Feldstecher lauerte lange im Gebüsch, bis der Förster zu seinen Pirschgängen aufbrach, er hielt sich in feuchten Gräben verborgen, wartete gar in der Astgabel eines Lindenbaums an der Wegkreuzung, von wo er das Försterhaus beobachten konnte. Aber dabei spürte er deutlich, daß er sich auf diese Weise bald das Reißen, die Gicht und Schlimmeres holen würde. In langen

Nächten, wenn er den verhaßten Förster zähneknirschend bei Amalien wähnte, sann er nach. Wie konnte er von seiner Apotheke aus feststellen, ob der wüste Kerl daheim oder im dunklen Walde weilte?

Das Fernrohr war längst erfunden. Aber es zeigte die Dinge auf dem Kopf stehend. Das macht nichts, wenn man den Mond oder die Sterne damit betrachtet, weil die ohnehin rund sind und kein Oben und kein Unten kennen. Bei der Betrachtung eines rivalisierenden Forstmannes möchte man weniger umständlich zu greifbaren und verläßlichen Ergebnissen kommen. Christian Feldstecher vertiefte sich in die spärliche optische Literatur seiner Zeit. Dann endlich, am Tag nach seinem fünfzigsten Geburtstag, reiste er in die benachbarte Kreisstadt und führte ein längeres Gespräch mit dem dortigen Brillenmacher. Und abermals drei Wochen später brachte er von einer neuerlichen Reise in das Städtchen ein Fernrohr mit, das nicht nur Förster und jeden anderen Gegenstand in seiner realen Stellung, nämlich mit den Füßen auf dem Boden, zeigte und ihn nahe heranholte (so daß man sehen konnte, ob er das Gewehr bei sich hatte und folglich länger abwesend sein würde, oder nur mit dem Dackel unterwegs war, um nach den Kaninchen zu schauen), sondern auch noch wesentlich kürzer war als jedes herkömmliche Fernrohr und daher leicht in der Rocktasche auf einem Spaziergang zu transportieren, so daß ein Besuch Amaliens, wenn den Christian unterwegs die Lust dazu anwandelte, hinsichtlich der damit verbundenen Fährnisse leichter zu beurteilen war. Ich weiß, daß dieser letzte Satz sehr lang geworden ist, aber anders läßt sich dieses umwälzende Geschehen nicht zusammenfassen ...

Christian Feldstechers Feldstecher

Wie dieses Fernrohr zu seinem, des Apothekers Namen kam? Sehr einfach. Christian Feldstecher lieferte regelmäßig ein von ihm zusammengebrautes mildes Abführmittel an den Hof der kleinen Residenz. Inzwischen hatte er mit Vergnügen festgestellt, wie sein neues Fernrohr auf Reisen doch den Gesichtskreis erweiterte, und als er wieder einmal vor seinen Souverän trat, zeigte er ihm das nützliche Gerät. Der Herzog nahm es an die Augen, blickte in den Schloßpark und erspäte mit Vergnügen einige seiner jungen Mägde, die an diesem heißen Tage im abgelegenen Weiher einer aufgegebenen Fontäne badeten. Serenissimus war begeistert. Er bestellte sofort ein solches Fernrohr, und nicht genug damit: er verfügte, daß es fortan den Namen seines Erfinders tragen sollte. Die Dinge nahmen ihren Lauf; bald entstand in der Kreisstadt eine Manufaktur, ein pfiffiger Reclame-Agent machte die Taschenperspektive unter dem Namen Feldstechers publik, sie verbreiteten sich über die ganze zivilisierte Welt.

Dem Christian Feldstecher erging es eine Zeitlang sehr gut. Er zog reichen Gewinn aus der Hergabe seines Namens für die Feldstecher-Manufaktur und konnte sich bei seinen Besuchen der hübschen Kräuterhexe Amalie hinreichend sicher wähnen.

Von allen Hunden gehetzt

Aber, ach — eines Tages erstand auch der wütende Forstmann einen »Feldstecher« und hielt sein Haus fürderhin unter strenger optischer Kontrolle. An einem heißen Augusttag wurde der leichtsinnig gewordene Apotheker wieder einmal ertappt und mit den Hunden aus Amaliens Reichweite gehetzt. Es heißt, er habe sich daraufhin spontan wieder der Allopathie zugewendet. Erfinderschicksal.

Verdanken wir Christian Feldstecher das Fernsehgerät gleichen Namens, so ist ein anderer Fünfziger gleichermaßen erfolg- und weitreichender gewesen. Es muß die Rede sein von William Heath Robinson, dem englischen Zeichner und Cartoonisten[1)]. Er zeichnete schon früh Landschaften, Menschen und Tiere, aber ab 1918 erhielt er zahlreiche Aufträge industrieller Unternehmen, ihre werbliche Grafik zu gestalten und Produktionsabläufe mit zeichnerischen Mitteln festzuhalten. Dazu begab er sich in Kohlengruben, Stahlwerke, Schneiderwerkstätten,

1) 1872—1944

Papierfabriken, Ölraffinerien und Brauereien. Er erkannte, daß bei aller Vielfalt die Prinzipien der Mechanik immer die gleichen sind, und das regte ihn zu phantastischen Erfindungen an, die niemand für möglich gehalten hatte.

Dabei trat er — typisch für einen abgeklärten und tiefer blickenden Fünfziger — nicht etwa in Konkurrenz zu jüngeren Leuten, die so vordergründig nützliche Apparate wie Flugzeugmotoren, Fleischhackmaschinen oder Füllfederhalter konstruierten. Er sah sich vielmehr in seiner engeren Umgebung um und erkannte, was da fehlte. Und was war das? Beispielsweise ein pneumatischer Nachtleuchten-Löscher für Großräume. Eine Turmwiege, wo ein Kindermädchen gleich sechs übereinander angebrachte Säuglinge gleichzeitig wiegen und dabei mit derselben Kurbelbewegung noch ein Grammophon mit Schlafliedchen antreiben konnte. Ganz modern mutet Heath's transportabler Zebrastreifen als wirksamer Fußgängerschutz an, ein handliches Gerät, das nach dem Prinzip der Nürnberger Schere arbeitet und, auseinandergefaltet, sicheres Überschreiten von Straßen wie Landwegen erlaubt. Heath erfand die Rückspiegelmethode zum tränenlosen Zwiebelschneiden, den Dampfdudelsack, ein fahrbares Lupenschreibpult mit Einhandbedienung für Nachtfalterforscher und einen Hochleistungsautomaten zur Einbringung quadratischer Dichtungsstöpsel in runde Topflöcher.

Dem Krieg zollte er Tribut mit der Erfindung eines Schmalspurtanks zur Räumung vom Feind gesperrter Engpässe und eines vom Bett aus zu steuernden Brandbombenlöschers; in der kargen Nach-

kriegszeit steuerte er den motorisierten Kippensammler bei, ein Fahrzeug, das mit einer klebstoffbeschichteten Walze Zigarettenkippen aufsammelt, wobei ein Spezialist diese mit Gabeln abpickt und in einen Behälter wirft, während oben in einem Ausguck zwei weitsichtige Männer Ausschau halten und jede gesichtete Kippe mit einer Glocke den beiden Lenkern am Steuerrad ankündigen ...

Man muß (und das ist jedem einsichtigen Liebhaber der Männer über fünfzig klar) einiges miterlebt und mitgemacht haben, um den Blick für die alltäglichen Notwendigkeiten zu schärfen. Man muß die Erfahrungen haben, die fünf Lebensjahrzehnte ansammeln ließen. Und man muß über eine milde Betrachtungsweise verfügen, die anderen Menschen das Leben etwas leichter machen läßt, um solcher Erfindungen fähig zu werden.

Nicht jeder Mann über fünfzig wird solchen Ruhm erwerben wie Christian Feldstecher oder Heath Robinson. Aber ein bißchen von deren Art haben viele. Manchmal äußert sie sich in Kleinigkeiten, die nicht minder liebenswert sind, wie bei jenem Gartenbesitzer mit Hanggrundstück, dessen Gartentür so schwer zu öffnen ging. Als ihn einmal jemand fragte, warum das so sei, sagte er schmunzelnd: »Jeder, der die Tür aufmacht, pumpt mir damit zwanzig Liter Wasser in das Reservoir oben am Hang!«

Man muß sie wirklich gernhaben, diese Männer mit den offenen Augen für das Notwendige im Leben.

8 Gefestigte Charaktere

Warum man vornehmlich Männer über fünfzig zu Bürgermeistern, Vereinsvorständen, Kassenwarten oder Delegierten wählt, hat schon seinen Grund: sie sind verläßlich. Das letzte Vierteljahrhundert haben sie damit zugebracht, sich mit allerlei Widrigkeiten herumzuschlagen, Positionen zu beziehen (und unter dem Druck der Sachzwänge wieder aufzugeben), und jetzt sind sie soweit: in ihrem Beruf haben sie schon alle Pannen erlebt, die möglich sind, und können im Notfall aus einem Fundus der Erfahrungen schöpfen. In der Politik erinnern sie sich an Adenauer wie an Willy Brandt; sie haben Papa Heuss noch erlebt, aber auch Heinrich Lübke, und halten deshalb alles für möglich. Sie haben nach manchen Höhen und Tiefen eine private

Ebene gefunden, und wenig kann sie noch erschüttern. Waren sie selbst einmal nicht allzu zurückhaltend und sind die eigenen Kinder mit Lust und Liebe bei der Sache, werden ihnen jetzt Enkel präsentiert, und was mit denen geschehen kann, haben die Fünfziger alles schon mit den Töchtern und Söhnen damals erlebt — vorausgesetzt, sie können sich noch erinnern.

Deshalb sind die Männer über fünfzig auch das liebste Publikum bei Volksbefragungen. Wer von ihnen die Antwort erhält, sie duschten täglich und bevorzugten dabei einen Badezusatz aus Fichtennadeln, der kann sicher sein, daß sie nicht ab übermorgen eine Leidenschaft fürs Wannenbad bei sich entdecken und alles außer indischer Blumenseife weit von sich weisen. Dergleichen ist für die Wirtschaft sehr wichtig, und deshalb schon ist es gut, daß es sie gibt, die Männer über fünfzig. Wer einen von ihnen zum Vorstand des Kleingartenvereins wählen hilft, weiß sein Anliegen in Treue fest und unwandelbar vertreten. Er kann fortan ruhig schlafen: dieser Mann wird dabei bleiben, daß die Parzellen durch Hecken aus Thuja, eventuell noch Buchsbaum voneinander geschieden werden — kein Gedanke daran, daß er irgendwann einmal den Verlockungen der Maschendrahtindustrie erläge oder gar in der jährlichen Hauptversammlung lautstark die Forderung nach hölzernen Jägerzäunen erhöbe!

Öko-Freak Andreas B. über seinen Besuch beim Bürgermeister:

»Kannste nichts machen. Ich hab' dem Mann mit Engelszungen gepredigt: warum Gras in den öffentlichen Grünanlagen, und diese blöden Rosenbüsche? Das hat dieser feudale Ludwig XIV. mal eingeführt, und seitdem wird das Geld dafür aus dem Fenster geworfen. Vergewaltigte Natur, verschenkte Anbauflächen! Kresse, Spinat und Petersilie auf die Grünflächen, und statt der Rosen umweltfreundliche Sonnenblumen, die gesundes Öl geben. Was, meinst du, hat er gesagt: Das hätten sie doch alles schon mal gemacht, nach dem Krieg, mit Kartoffeln am Kriegerdenkmal und Tomaten vor dem Rathaus. Über Nacht wäre alles geklaut worden, und wenn er so etwas heute wieder zur Diskussion stelle, würden ihm die Gemüsebauern aus dem Umland die Fensterscheiben einwerfen. Ich sollte mir selber ein

Stück Gartenland pachten und anpflanzen, was mir gut und richtig erschiene. Billige Spaten gäbe es bei Schumachers am Markt, und Lauchpflanzen würde er mir gern abgeben — er hätte sowieso zu viele. Da frag' ich: wann soll ich denn da meine Basisarbeit machen, wenn ich auch noch einen Gemüsegarten in Schwung halten muß?«

Gegen das, was sie alles schon mitgemacht haben, kommt man kaum an. Natürlich spiegelt sich ihre Erfahrung auch auf persönlichem Gebiet wider, und da sind sie nicht leicht davon zu überzeugen, daß das Bessere des Guten Feind sei.

Anni B., Schuhverkäuferin, zu ihrer Freundin über die jüngsten Erfahrungen mit einem Herrn über 50:

Wir haben doch jetzt die neuen italienischen Modelle hereinbekommen. Weißt du, diese spitzen mit den etwas höheren Absätzen. Kommt da heute so'n Opa und will braune Halbschuhe. Du, der war bestimmt schon über fünfzig! Ich zeig' ihm die Italiener; so ein Mann soll doch auch noch nicht in alten Schlappen herumlaufen. Er probiert sie an, alle vier Paar, und macht 'ne saure Miene. Ich sage: das sind die neuesten Modelle von diesem Sommer. Was meinst du, was er mir antwortet: »Schön, mein Kind. Aber meine Füße sind nun mal von 1929, und ich finde, darauf sollten die Schuster von heute Rücksicht nehmen!«

Sie sind nun einmal für eine gewisse Ordnung, an die sie sich gewöhnt haben. Konjunkturwissenschaftlern, die ihnen wortreich erklären, daß jetzt nicht die Zeit fürs Sparbuch, sondern fürs Scheckheft gekommen sei, begegnen sie mit Skepsis, und daß eine Autokarosserie aus Kohlefaser-Kunststoff besser sei als das altgewohnte heilig' Blechle, glauben sie nur widerstrebend und anhand ausgefeilter Rentabilitätsberechnungen. Wie sie es gut gewohnt sind, soll es möglichst bleiben — es war schwer genug, Ordnung in alle möglichen Sachen zu bringen.

Hausfrau Doris Cz. in N. bei einem Plauderstündchen über ihren Gatten Edgar:

»Ich will mich ja nicht beklagen. Edgar ist im Grund ein großzügiger Mensch. Wie mir neulich der Doktor einen Home-Trainer empfohlen hat, mußte ich gleich die Versandhauskataloge bringen, und Edgar hat so ein Ding bestellt. Sogar die Luxusausführung mit Scheibenbremse und Tachometer. Aber in Kleinigkeiten bringt er mich manchmal zur Raserei. Wie wir neulich ins Theater wollten, kommt und kommt der Mann doch einfach nicht herunter! Ich ins Bad, da sitzt er und stiert vor sich hin. Ich frage, was denn ist? Und da sagt er doch tatsächlich, er könne sich nicht rasieren. Ich denke, er hat was, so einen Zusammenbruch oder so, und frage, warum denn nicht? Da deutet er verzweifelt auf das kleine

Regal, wo er immer seine Rasierklingen liegen hat. »Ich finde nichts mehr!« sagt er mit Grabesstimme. »Man hat mir die Klingen weggenommen! Was braucht sich der alte Narr noch zu rasieren und schön zu machen, denkt ihr wohl von mir, wie?« Dabei lagen die Rasierklingen im Apothekerschränkchen, wo ich sie schnell beim Saubermachen hingeräumt hatte. Anstatt da mal nachzusehen, setzt er sich hin wie Napoleon bei Waterloo und fängt an zu spinnen! Leicht hat man es mit den Männern nicht, wenn sie in ein bestimmtes Alter kommen, das sage ich Ihnen!«

Mag sein. Aber ich finde, sie haben einen Anspruch darauf, daß man ihre schwer errungene persönliche Sphäre schützt und respektiert. Daß sie aus blauem Himmel heraus fragen können: »Wo ist eigentlich die helle Jacke mit den Lederknöpfen? Wenn es jetzt warm wird, möchte ich sie gern wieder anziehen! Sie hat mir immer so gut gestanden!« — das ist liebenswert, weil es auf Bescheidenheit deutet und auf modisches Beharrungsvermögen, das dem Haushalt schon Hunderte erspart hat.

Und es versetzt sie zu Recht in Trübsal, wenn die Gattin antwortet: »Den alten grauen Fetzen habe ich schon vor zwei Jahren in die Altkleidersammlung gegeben. Da fehlte ein Knopf, die Jacke war schon an den Ärmeln durchgescheuert, und überhaupt — weißt du, wann du die gekauft hast? Im Sommer 64, als wir an den Bodensee nach Unteruhldingen gefahren sind!«

Kummervoll wird er entgegnen, daß er gerade diese Jacke sehr liebgewonnen habe, immer hätte er sich darin wohlgefühlt, auf die Ellbogen hätte man Herzchen aus Leder nähen können, und er lege überhaupt keinen Wert darauf, jedes Jahr in einer neuen Jacke herumzuspazieren, aufgeputzt wie ein Pfingstochse. Sogar der Innenminister trage zu Haus eine solche Jacke, und in England ließen die wirklichen Lords alter Schule ihre neuen Anzüge vom Butler tragen, bis sie eine gewisse Patina hätten, die Anzüge, und bequem geworden seien . . .

Langsam entfernt er sich wie ein grollend abziehendes Gewitter. Im Wohnzimmer schiebt er die Amaryllis auf dem Schreibtisch eine Weile hin und her, denn dies ist ein Schreibtisch und kein Blumentisch. Dann setzt er sich hin und schreibt einen kleinen Extra-Scheck aus für die jüngste Tochter, die im fernen Ganderkesee eine karg honorierte Lehre als Plastikblumenbinderin absolviert. Als ob es nichts Wichtigeres gäbe als eine neue Jacke, wo die alte doch noch so gut war!

9
Manchmal werden sie feierlich

Einigermaßen seriös wirken sie fast immer, die Männer jenseits der Halbjahrhundertmarke. Früher war die Weste mit der Uhrkette ihr Wahrzeichen, noch früher der staatstragende und Autorität ausstrahlende Bart. Seit der Haarwuchs an Kinn und Wangen aber sogar von jungen Chaoten in Anspruch genommen wird, geben sich unsere älteren Herren lieber »vernünftig«. Was nicht heißt, daß sie dem Humor, der Abwechslung und der guten Laune abhold seien ...

Nur manchmal besinnen sie sich auf ihre Rolle als Familienoberhaupt und Standesperson, geben sich einen Ruck und setzen zu einer Rede an, die als launige Ansprache geplant meist den Rang einer Grundsatzerklärung bekommt.

Dem geht eine tagelange Schwangerschaft voraus, während der unser Mann mit nach innen gekehrtem Blick einhergeht, möglichst nicht abgelenkt werden darf und beobachtet wird, wie er mit eindringlichen Handbewegungen zu einem imaginären Publikum spricht. Zwischendurch verweilt er vor dem Bücherschrank, blättert im Schiller (der die eingängigeren Zitate aufweist) und im Goethe (der zu allem etwas Gültiges gesagt hat) und verirrt sich, wenn der Anlaß nicht allzu sehr von ernster Würde geprägt ist, sogar ins Wilhelm Busch-Album ...

Was dabei herauskommt, wird auf ein Zettelchen oder auf mehrere geschrieben, und diesem Redemanuskript gilt bis zur Uraufführung die ganze und stete Sorge des Redners. Klopft er endlich ans Glas und erhebt er sich, dann fahren seine Hände nervös durch alle Hosen-, Jacken- und Westentaschen, bis ihm einfällt, daß der Zettel seit Beginn des Festessens ja schon vor ihm am Weinglas lehnt, damit er über der Suppe und der Vorspeise wenigstens die ersten Sätze noch einmal memorieren konnte.

Reden ohne Inhalte

Über den Inhalt solcher Reden ist eigentlich nichts zu sagen, als daß sie feierlich sein sollen, dem Anlaß (Taufe, Verlobung, Heirat, Jubiläum) angemessen. Und das sind sie dann ja auch. »Indem daß ich kein Redner bin ...« ist ein beliebter Anfang, und dann folgen die Metaphern. Anläßlich einer Eheschließung kommt man kaum ohne das Bild vom Schiff des Lebens aus, das den sicheren Hafen verläßt, in Stürme gerät, fast an fremden Küsten zerschellt, immer wieder gerettet wird und in gutes Fahrwasser gerät und schließlich dort landet, wohin Kapitän, Steuermann und Besatzung ursprünglich auch wollten.

Die Leute, die man zu diesem Rede-Anlaß um den Tisch versammelt hat, lauschen aufmerksam, so sie selbst keine Redner sind. »Ich könnte das nicht«, denken sie, »so vor allen Leuten!« Reden sie aber

gelegentlich selbst, zählen sie genüßlich die Versprecher und die Stockungen im Redefluß und merken sich eine geglückte Redewendung zum eigenen Gebrauch, weil Vetter Joachim ja nächsten Monat sein Jubiläum hat, zu dem eine Rede erwartet wird.

Soll der Moment die rechte Weihe haben, sollte man Männer über fünfzig reden lassen. Was ihnen vielleicht an rhetorischem Schwung fehlt, ersetzen sie durch viel guten Willen. Und das muß man ihnen lassen: sie sehen dabei meist sehr gut aus und werden deshalb auch gern fürs Album fotografiert.

10

. . . und manchmal albern

Dies ist, fürchte ich, ein Kapitel, für das Frauen nur geringes Verständnis aufbringen werden. Warum werden gerade Männer über fünfzig manchmal von einer Albernheit gepackt, die so ganz ihrem gesellschaftlichen Status, ihrer Rolle in Beruf und Familie und ihrer Bedeutung als Vorbild der jungen Generation zuwiderläuft? Ich rede nicht von jenen Vereinsmitgliedern, die mit Bussen irgendwohin fahren, sich dort mit Strohhüten zweifelhaften Genres schmücken und unter Absingen des Liedes vom Westerwald alkoholselig über die Stränge schlagen, an denen sie normalerweise recht straff gehalten und geführt werden. Nein — die Albernheit, die ich meine, ist besinnlicher, innerlicher und oft von metaphysischem Flair.

Was halten Sie von einer Gruppe ernstzunehmender und vertrauenswürdiger Ingenieure einer nordhessischen Maschinenfabrik, die es eines Nachts bei der Heimkehr vom bürgerlich sittsamen Stammtisch plötzlich packte? Sie schlenderten an der Villa ihres Fabrikbesitzers vorüber; im Vorgarten stand auf dem Podest eines steinernen Brunnens seit Unzeiten eine Gruppe steinerner, stillvergnügter Engelchen, die steinerne Flöten in der Hand hielten, ebenfalls seit Unzeiten bereit, zu etwelchem Lobe zu schal-

meien und zu blasen. In jener Nacht aber[1] stiegen zwei aus der Runde später Heimkehrer über den Zaun, brachen still und ohne weitere Erklärung den Engelchen die Flöten aus den starren Händen und kamen auf selbem Wege wieder zurück. Man sagt, sie hätten alsdann versucht, auf den steinernen Instrumenten etwas zu Gehör zu bringen; die Meinungen gehen auseinander, ob es »Schäfers Sonntagslied« hätte werden sollen oder »Völker, höret die Signale«. Da sie natürlich keinen Ton herausbrachten, wanderten sie zum nächsten Briefkasten, steckten die Flöten hinein und gingen zufrieden kichernd nach Haus.[2] Was soll man dazu sagen?

Und was zu den netten, älteren Herren[3], die kurz nach der Wahl Ludwig Erhards zum Bundeskanzler der Republik einem der Ihren — den eine späte Liebe in dieser Nacht an einen anderen, wenn auch benachbarten Ort gezogen hatte — den damals beliebten Messerschmidt-Kabinenroller säuberlich auseinanderschraubten, die Einzelteile in einer nicht ungefährlichen Luftnummer über angelehnte Lei-

1) Überlebende Augenzeugen beschwören, daß weder Vollmond war noch jemand mehr als das übliche Maß getrunken hatte, und das sind dort drei Halbe und drei Klare pro Nase.
2) Siehe auch den Bericht der Poststelle Weinhausen vom 3. Mai 1962 über den Fund sach- und betriebsfremder Gegenstände im Briefkasten Hortensienweg.
3) Stammtisch »Zufriedenheit«, gegr. 1951 in Werzbach an der Mainstraße/Franken.

tern aufs Dach schafften und dort wieder zusammenfügten? Als der ermattete, aber doch insgesamt befriedigte Freund im Morgengrauen auf leisen Sohlen über den Wiesensteig vom nächsten Dorf nach Hause tappte, sah er sein Fahrzeug auf dem Schornstein in den ersten Strahlen der aufgehenden Morgensonne glänzen. Er rieb sich mehrfach die Augen, beschloß, niemals mehr in fremden Betten zu wildern, und heiratete die betreffende Dame gewissermaßen Hals über Kopf. Nachdem die freiwillige Feuerwehr den Himmelsroller herabgeholt hatte (was den Eigentümer zwei Kästen Bier und eine Flasche Schlehengeist kostete), schaffte sich der Mann ein größeres Auto an, das er sicherheitshalber in den ersten Wochen mit einer Kette an dem Vorbau seines Hauses sicherte.

Es ist vielleicht nicht abwegig, dahinter einen Spieltrieb zu vermuten, der — lange unterdrückt — in den fünfziger Lebensjahren die Ordnung dieser Welt gelegentlich in Frage stellt. Das ist es, was jüngere Väter zur Anschaffung einer elektrischen Eisenbahn oder eines Flippers bewegt, wenn der Sohn kaum erst laufen kann. Aber wenn man über fünfzig ist, kommt noch etwas hinzu: die Erfahrung, die tiefere Kenntnis seiner selbst und seinesgleichen und eine gewisse Virtuosität, damit umzugehen. Dies Beispiel möge das beleuchten:

Die Verhandlungen einer Firma im Niedersächsischen mit ihrem Hauptabnehmer waren gründlich verfahren. Ob man sich nicht über die Preise einigen konnte oder über die Lieferbedingungen, ist längst vergessen. Jedenfalls traf man sich zu einem letzten Versuch der Einigung. Die Herren saßen am großen Tisch im Verhandlungszimmer, die Atmosphäre war kühl und gespannt, als der alte Direktor Sommerlich plötzlich aufstand und zum Fenster ging. »Um zehn wird der große Schornstein von Redlich & Co. gesprengt«, sagte er. »Vielleicht interessiert das die Herren? Eine kleine Pause tut uns sicher gut.«

Die Herren, alle in den Fünfzigern, merkten auf. Zögernd lösten sie sich aus ihren festgefahrenen Verhandlungspositionen und standen auf.

»Der da drüben«, erläuterte Sommerlich. »Gestern abend haben sie schon die Sprenglöcher angebracht.« Er sah auf die Uhr. »Müßte soweit sein.«

Und pünktlich um zehn drangen Staubwolken aus dem Fuß des alten Schornsteins. Der Explosionsknall ließ die Fensterscheiben erzittern, und gebannt sahen alle zu, wie der himmellange Kamin in sich zusammenfiel und nur noch ein Rauchpilz aus den Trümmern stieg.

Streiche albener Fünfziger

»Großartig gemacht!« — »Exakte Arbeit!« — »Nichts dagegen zu sagen. Haben sie mit Ammongelit oder herkömmlichem Dynamit gesprengt?«

Lebhaft das schöne Ereignis diskutierend, begaben sich die Herren an den Verhandlungstisch zurück. Auf einen Wink des alten Sommerlich wurden Erfrischungen serviert, die Gespräche kamen in gelockerter Atmosphäre wieder in Gang, und gegen halb zwölf war man sich einig.[1)]

Auch der »Verein zur Beseitigung des Blücherdenkmals« war eine Gründung alberner Fünfziger. Mit der Begründung, die Drohgebärde des wackeren Marschalls hoch oben auf seinem Sockel gegen unsere französischen Nachbarn sei nicht mehr zeitgemäß, betrieben sie die Vereinsgründung und seine Anerkennung als gemeinnützig. Die Stadtverwal-

1) Gegen den Verdacht, er habe durch Bestechung des Sprengmeisters die Sprengung just auf diesen Tag um zehn Uhr verschieben lassen, wehrt sich Sommerlich noch heute schmunzelnd.

tung von R., die sich schon eines Hauptanziehungspunktes für ihren Fremdenverkehr beraubt sah, geriet in interfraktionelle Aufregung, die Spalten der örtlichen Tageszeitungen füllten sich mit Für und Wider. Ältere Mitbürger, die unter diesem Blücherdenkmal ihre ersten Rendezvous gehabt hatten, protestierten; Autofahrer, die mitten im Ort das Denkmal umfahren mußten, waren dafür. Als schließlich ruchbar wurde, daß der im übrigen recht anonyme Verein bereits das Angebot eines Mannheimer Schrotthändlers zum Ankauf der anfallenden Bronzemasse eingeholt hatte, erwog der Stadtrat die Dauerbewachung Blüchers durch örtliche Polizeikräfte.

Die Aufregung legte sich, als aus der Umgebung des französischen Staatspräsidenten angeblich verlautete, die Nation fühle sich durch dieses Denkmal keineswegs ennuyiert, zumal überall in deutschen Landen ähnliche, keineswegs mehr ernstzunehmende Mahnmale herumstünden. Und als schließlich jemand den Plan einer Städtefreundschaft mit der Insel Oahohu im Stillen Ozean aufs Tapet brachte, ließen die Gründungsmitglieder ihren »Verein zur Beseitigung des Blücherdenkmals« still entschlafen. Oahohu ist schließlich auch wesentlich attraktiver als die Patina eines bronzenen deutschen Feldherrn, zumindest für Männer über fünfzig.

11
Träume aus tiefstem Seelengrund

Männer über fünfzig können zumeist, was sie fürs tägliche Leben brauchen, und oft auch noch etwas mehr. Das haben die Jahre so mit sich gebracht. Die Realität ist ihnen vertraut, und sie bewegen sich meist recht virtuos in dem, was sie sind und was sie haben. Dennoch — manchmal verlieren auch sie sich noch in das Land der Wünsche und phantastischen Vorstellungen. Man möchte sagen: gerade sie, denn oft klafft zwischen dem, was sie einmal wollten, und dem, was sie geworden sind, ein bemerkenswerter Unterschied.

Wir sprachen mit Carldieter F., 54, Chef eines weltverzweigten Tierhandels. Einst ein zärtlicher Liebhaber von gestreiften Zwerghörnchen, Sumpfkröten und Rotschnabeltauchern, beschloß er folgerichtig, Biologie zu studieren. Anschließend vor die Wahl gestellt, entweder in einem Forschungsinstitut bei den Niederen Wirbellosen zu landen oder die hilfreiche Hand eines sehr realen Handelsunternehmens zu ergreifen, entschloß er sich für die Wirtschaft. Heute importiert der agile Mittfünfziger sibirische Tiger aus der Taiga, vermittelt Waschbären für alternative Forschungslaboratorien der Seifenin-

dustrie und liefert auf Verlangen auch Kobras, Krokodile und Klammeräffchen, um nur einmal Tiersorten mit »K« zu nennen. Er hat drei Telefone im Büro, zwei Sekretärinnen und ist notfalls über Funk zu erreichen. Als wir ihn im Düsenclipper zwischen dem XVI Wildlife Congress in Toronto und der Tagung ambulanter Großwildjäger in Kapstadt zum Thema befragten, lehnte er sich in seinem First Class-Sitz zurück, nippte an seinem Whisky und sagte verträumt:

»Unerfüllte Wünsche und so? Aber gewiß. Ich zum Beispiel hätte liebend gern Einrad fahren gelernt, aber es blieb mir zeitlebens versagt. Ein Einrad, falls Sie es noch nicht kennen, ist so etwas wie die hintere Hälfte eines Fahrrads. Man kann darauf fahren, wenn man es gelernt hat. Zumindest kenne ich ein paar Leute, die das können. Einer davon unterhält sein Publikum auf dem Platz vor dem Centre

Kunststücke auf dem Einrad

Pompidou in Paris. Er zaubert ein bißchen, speit Feuer, macht Kunststückchen mit seinem Hund, und zwischendurch springt er auf sein Einrad und saust auf dem Platz umher. Es wäre vermutlich auch sehr schön, Feuer speien und zaubern zu können, aber meine Bewunderung gehört nun einmal dem Einrad. Man hat mir gesagt, daß dabei der Schwerpunkt im Sattel liegen müsse. Das sehe ich ein. Aber mein Arzt meint, in meinem Alter sollte man den Schwerpunkt anderswohin legen als in einen Einradsattel. Es gibt eben Ziele, die man nie erreicht.«

Carldieter F. steht mit dieser Meinung nicht allein. In einer besinnlichen Stunde gestand uns Amtsrichter Sch. in F., daß er nichts in der Welt so gern können würde wie Trompete blasen. Sch. gilt als ernster Mensch, der sich in seiner richterlichen Praxis auf räuberische Erpressungen, schweren Einbruch und betrügerische Bankrotte spezialisiert hat. Seine Urteilsbegründungen sind Glanzstücke juristischer Beweisführung, und mit einem Fall von Brandstiftung in Idealkonkurrenz mit widernatürlicher Urkundenfälschung bzw. Falschmünzerei ist er sogar in die Fachliteratur eingegangen. Ungewohnt weichherzig sagte er:

»Ich stelle es mir wunderschön vor, in einer stillen Sommernacht fehlerfrei ›Behüt' dich Gott, es wär' so schön gewesen‹ blasen zu können oder ›Trompeters Wiegenlied‹. In meiner Familie gab es sogar schon einmal eine Trompete, die meine jüngste Tochter von irgendwoher mitgebracht hatte. Aber als ich versuchshalber hineinblies, kamen Geräusche heraus, die sonst in der Natur nicht vorkommen. Ich konsultierte einen Kapellmeister, den ich einmal als Zeugen in einer Landfriedensbruchsache kennengelernt hatte, und der versicherte mir, daß er mir innerhalb eines Dreivierteljahres das Trompetespielen beibringen könne. Aber ich wollte meiner Familie nicht mit den vermutlich mißtönenden Übungen zur Last fallen, und das während eines Zeitraums, in dem andere Leute komplette Kinder kriegen oder einen versuchten Einbruch absitzen. Dennoch ...« und hier bekamen seine Augen fast einen feuchten Schimmer, »ich träume manchmal vom Trompeten. Die Trompete gibt dem Menschen, der sie beherrscht, etwas Leichtes, um nicht zu sagen Leichtfertiges. Er bläst sein Stückchen, nimmt das Instrument unter den Arm und geht unbekümmerten Schrittes davon, während die anderen noch ihre Trommeln zusammensuchen und sich mit der schweren Baßgeige abmühen. Aber es hat wohl nicht sollen sein.«

Solch' einen leicht entsagungsvollen Touch haben viele Träume der Fünfziger. Zugleich sind sie — vielleicht gerade deshalb — aber auch hemmungslos in ihren Phantasien. Junge Leute träumen von dem, was sie erreichen können: Weib, Kind, Haus, Hof und dazu ein Job, der ihnen zu jedem Modellwechsel das neueste Sportcoupé erlaubt. Welthandelsexperten, die Einrad fahren möchten, und Amtsrichter mit einem geheimen Faible fürs Trompeten-

Träume — contra Wirklichkeit

blasen wirken dem gegenüber exotisch. Aber so sind die Männer über fünfzig nun einmal; der Gegensatz von Realität und Traum macht ihnen überhaupt nichts aus. Man kann ja verstehen, daß sich einer, der über seiner EDV langsam grau wird, nach den Lianen und duftenden Blüten eines südamerikanischen Urwalds sehnt. Es ist auch einem Single, der seit fünfundzwanzig Jahren seine Wäsche selber wäscht und lediglich freitags seinen Stammtisch solider Mitfünfziger besucht, nicht zu verargen, daß er einmal umschwärmter Mittelpunkt attraktiver Weiblichkeit in einem jemenitischen Schaumbad unter Palmen sein möchte. Die Filmindustrie lebt von solchen Vorstellungen, und Walter Mitty, den James Thurber zu diesem Thema erschuf, war ganz gewiß über fünfzig. Und in den Illustrierten liest man oft von Männern über fünfzig, die »aussteigen«.

Die einzige Gefahr bei alledem ist, daß hin und wieder ein Mann über fünfzig seine Träume wirklich und wahr macht. Wenn der kreuzbrave Gemüsehändler, der Ihnen bislang die Kartoffeln, Rettiche, Radieschen und Salatköpfe verkaufte, plötzlich auf einer Bühne beim Straßenfest auftritt und kunstvoll Feuer speit, können Sie sicher sein, daß er kürzlich seinen fünfzigsten Geburtstag gefeiert hat.

12 Sie können auch schon Großväter sein

Steht ein Junge in der Straßenbahn auf und sagt gönnerhaft: »Setz' dich, Opa!«, ist bei einem Fünfziger durchaus der Verdacht auf bevorstehende Tätlichkeiten berechtigt. War derselbe Mann aber in seiner Jugend nicht allzu müßig, und erwiesen sich seine Kinder wiederum als hinreichend fleißig bei der Fortpflanzung seines Geschlechts, so liegt die Sache anders. Er nimmt die Tatsache, daß er nun schon auf zwei Generationen hinabblicken kann, als Standeserhöhung, genehmigt die Titulierung › Opa ‹, wenn sie aus Kindermund eigenen Herkommens kommt, gnädig und ist bestrebt, das Seine zur Aufzucht und Bildung dieses neuen Menschen zu tun. Es kommt also ganz darauf an, wer zu ihm »Opa« sagt, ein fremdes Kind oder das eigene.

Natürlich versucht er dabei, eigene Erfahrungen und eine gewisse Autorität mit der Tatsache in Einklang zu bringen, daß er schließlich mit Fünfzig jung geblieben ist. Wie das auf andere, zumal die Eltern besagter Enkel wirkt, ist indessen nicht mit einem Wort zu sagen. Wir sind im glücklichen Besitz des Mitschnitts eines Telefongesprächs, das die junge Mutter Wahnhilde F. mit ihrer eheberatenden Freundin Camilla Z. in Bad B. neulich geführt hat. Es geht natürlich um den Opa ...

»... die Kinder? Denen geht es gut. Babettchen hatte neulich mal eine Erkältung, aber die ist wieder vorbei. Viel frische Luft, sage ich immer. Und die haben die Kinder ja gottseidank. Mein Vater geht mit ihnen spazieren, wenn er Spätdienst hat. Und Samstag und Sonntag auch. Er ist ja ganz verrückt nach seinen Enkeln ... er nimmt mir viel Arbeit damit ab. Obwohl ... also ganz einfach habe ich es damit auch nicht. Du kannst dir nicht vorstellen, wie die aussehen, wenn sie vom Spaziergang kommen! Am besten gleich 'rein in die Badewanne, und die Sachen dazu! Vater meint es ja bestimmt gut, aber er tut ihnen jeden Willen. Thomas hatte doch vorige Woche Teerflecken in den neuen Jeans ... Butter? Ja, das habe ich auch versucht. Ich möchte wissen, wo die sich herumgetrieben haben! Vater verzieht mir die Kinder nach Leibeskräften. Mutter ist da vernünftiger ... nein, nicht mit Süßigkeiten.

Das nicht. Aber wenn sie am Tisch sitzen und keinen Appetit haben, dann stellt es sich heraus: mal hier 'ne Currywurst, mal ein Fischbrötchen, da ein Eis und dort ein Hefeteilchen. Neulich hat er sie morgens mit zum Stammtisch genommen. Stell' dir das vor! Seitdem sind sie verrückt auf Salzbrezeln und Soleier und kalte Frikadellen ...

Unvernünftig! Du sagst es! Vater ist richtig unvernünftig, wenn es um die Kinder geht. Auf der Kirmes ist er mit ihnen Achterbahn gefahren, die mit dem doppelten Looping. Ich selbst trau' mich da nicht einmal drauf, aber er mußte unbedingt mit den Kindern ... und nicht einmal, nein, mindestens dreimal sind sie gefahren! Babettchen war noch am anderen Tag schwindelig. Und an die Schießbude hat er sie mitgenommen. Thomas brachte mir drei

künstliche Rosen mit und einen Donald Duck aus Plastik, der »Mummy« sagt. Ich möchte wissen, was das alles gekostet hat. Thomas will jetzt unbedingt ein Luftgewehr haben, und ich wette mit dir, Vater schenkt ihm eins zum Geburtstag. Was das in der Familie gibt, wo Karl-Heinz doch jetzt gerade Vorsitzender in der Friedensbewegung geworden ist und aus Waffen Pflugscharen machen will!

Ins Theater hat er sie auch geschleppt. Seitdem will Babettchen unbedingt zum Ballett. Ich habe erst mal »nein« gesagt. Wo man doch so oft hört, daß davon die Füße verkrüppeln! Und wie soll Babett später mal einen Mann kriegen, wenn sie mit Hammerzehen und Ballen herumhumpelt! Wie die alten Chinesinnen mit ihren Lotosfüßen! Schrecklich! Aber Vater hat nur so hintergründig gelächelt und in der Zeitung das Inserat von Gunhild Reiersens Ballettschule angestrichen. Wenn er mal bloß nicht Mutter überredet, daß sie Babettchen den Kur-

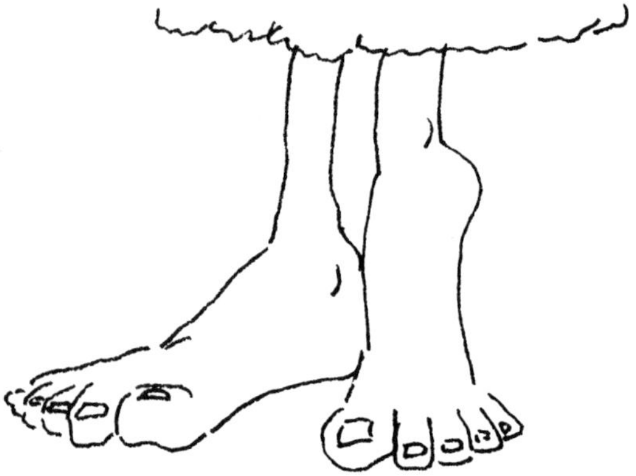

sus zu Weihnachten schenken. Wenn er sich etwas in den Kopf gesetzt hat, kannst du nichts machen …

Raffiniert! Das sagst du ganz richtig! Alte Menschen sind ja so raffiniert! Immer, wenn ich Babettchen das hübsche Rüschenkleid zum Spazierengehen angezogen habe, passiert etwas damit. Vater mag das Kleid nun mal nicht leiden. Seine Enkelin wäre kein Sofapüppchen, sagt er. Und prompt fällt sie damit in den Teich vom Stadtpark. Oder es

kommt Ketchup darauf oder Schokoladeneis. Es sieht schon richtig verwaschen aus, das hübsche Kleidchen ...

Sonst tut er ja für die Kinder, was er kann. Er hat für beide schon bei der Geburt Aktien gekauft. Wenn die noch weiter so steigen, sind die Kinder bald reicher als wir. Aber man kann ja nicht dran an das Geld, obwohl wir fürs Wohnzimmer dringend eine neue Couch bräuchten ... da ist Vater richtig eigensinnig. Ich kann dir sagen, leicht hat man es nicht mit alten Leuten. Dabei ist Vater doch man gerade erst Mitte Fünfzig. Wie soll das werden, wenn er erst einmal siebzig ist? Dann haben wir doch überhaupt keinen guten Einfluß mehr auf die Kinder! Thomas kriegt dann von ihm ein Motorrad, hat er gesagt, und Babett ein Pferd. Ich bitte dich ...«

Die Enkel, so wurde uns später gesagt, sind in ihrem Urteil über den Opa wesentlich liberaler. Für sie ist er einstweilen der einzig vernünftige Mensch auf Erden. Es steht zu befürchten, daß er diese Ansicht teilt. Und er genießt das auch noch voller Behagen ...

13 Ausblick

Wie wir gesehen haben, ist es im Grunde eine hübsche Sache, ein Mann über fünfzig zu sein. Leider dauert dieser erfreuliche Zustand nur runde zehn Jahre, und alle Bemühungen der einschlägigen Wissenschaft einschließlich der Gerontologen, ihn zu verlängern, sind bislang ohne Erfolg geblieben. Irgendwann — und der Zeitpunkt liegt für jeden Mann genau fest, während bei Frauen gewisse Schwankungen nicht auszuschließen sind — wird man sechzig.

Männer neigen dann zwar nicht gerade zur Panik, können sich jedoch bestimmten Befürchtungen manchmal nicht entziehen. So betrüblich es auch sein mag, die fünfziger Jahre hinter sich lassen zu müssen — »Adam war 130 Jahre alt und zeugte

einen Sohn, ihm gleich und nach seinem Bilde, und nannte ihn Seth; und lebte danach 800 Jahre und zeugte Söhne und Töchter, daß sein ganzes Alter ward 930 Jahre, und starb. Seth war 105 Jahre alt und zeugte Enoch und lebte danach 807 Jahre und zeugte Söhne und Töchter, daß sein ganzes Alter ward 912 Jahre, und starb. Enoch war 90 Jahre alt und zeugte Kenan und lebte danach 815 Jahre und zeugte Söhne und Töchter, daß sein ganzes Alter ward 905 Jahre, und starb ...«

Man muß es ja nicht übertreiben, und die Zeiten sind auch nicht mehr so wie früher. Aber Grund zur Aufregung ist durchaus nicht gegeben, wenn man nicht mehr über fünfzig ist.

Das gilt auch für manch' andere Erscheinung der fünfziger Jahre, die unbedarften Naturen oft unbegründete Sorge macht, während sie dem Kundigen als Zeichen der Reife und wachsender Vollkommenheit gilt. In diesem Alter stellt sich zum Beispiel heraus, was im Bestand der Denture verläßlich ist und welcher Zahn doch besser durch ein handgefertigtes Modell aus dem Labor ersetzt werden sollte. Man beginnt, sein Augenmerk zu differenzieren; wer die Dinge seiner näheren Umgebung scharf ins Auge zu fassen gewohnt ist, ergänzt seine Möglichkeiten mit einer Brille für größere Entfernungen ... und umgekehrt. Entbehrliches, wie Blinddärme, Mandeln und anderen Schnickschnack unserer gut gemeinten Erstausstattung hat man in diesem Alter meist entfernen lassen, so daß man unbeschwert und ungefährdet von ihrem Versagen durchs fernere Dasein geht. Auf der anderen Seite ist man Jüngeren auf vielen Gebieten voraus — welcher Zwanzigjährige wäre schon imstande, aus einem leichten Ziehen im rechten Ischiasnerv so zuverlässige mittelfristige Wettervorhersagen zu machen wie einer über fünfzig? In diesen schönen Jahren hat man einen Weg beschritten, den man gelassen weitergehen kann. Adam und seine Söhne weisen die Richtung ...

Wichtige Begriffe und Namen

Die weiteren Titel aus der I♡-Reihe*)

Jeder Band 128 Seiten, zahlreiche Illustrationen

Weitere Titel in Vorbereitung

*) Ihre Buchhandlung informiert Sie gerne über jede Neuerscheinung!